U0367717

陈总编爱车热线书系

汽车是怎样设计的

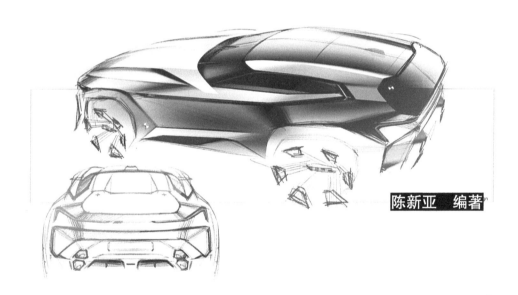

陈新亚 编著

机械工业出版社
CHINA MACHINE PRESS

本书在《汽车是怎样设计制造的》一书的主要内容基础上，增加了电动汽车设计、动力电池设计、智能座舱设计和智能驾驶测试等内容，补充了汽车设计大师故事、世界经典设计车型等内容，以丰富精美、形象具体的图画，通俗易懂、深入浅出的文字，一步一步地讲解了最新汽车设计过程和相关知识。

本书精彩内容包括设计前准备、车身造型设计流程、空气动力学设计、工程设计与总布置、车身结构设计、动力系统设计、底盘设计、内饰和座舱设计、室内测试、室外测试、汽车设计演变以及汽车设计师怎样设计汽车。

本书可供汽车行业的从业人员、汽车相关专业学生、汽车爱好者等阅读使用。

图书在版编目（CIP）数据

汽车是怎样设计的 / 陈新亚编著 . —北京：机械工业出版社，2023.7（2024.9 重印）

（陈总编爱车热线书系）

ISBN 978-7-111-73358-4

Ⅰ.①汽… Ⅱ.①陈… Ⅲ.①汽车–设计 Ⅳ.① U462

中国国家版本馆CIP数据核字（2023）第107376号

机械工业出版社（北京市百万庄大街22号　邮政编码100037）

策划编辑：李　军　　　　　　责任编辑：李　军

责任校对：张昕妍　王　延　　责任印制：刘　媛

北京中科印刷有限公司印刷

2024年9月第1版第2次印刷

184mm×260mm·9印张·2插页·274千字

标准书号：ISBN 978-7-111-73358-4

定价：88.00元

电话服务　　　　　　　　　网络服务

客服电话：010-88361066　　机　工　官　网：www.cmpbook.com

　　　　　010-88379833　　机　工　官　博：weibo.com/cmp1952

　　　　　010-68326294　　金　书　网：www.golden-book.com

封底无防伪标均为盗版　机工教育服务网：www.cmpedu.com

汽车设计也变了

　　现在人们谈论的"汽车"，已不再是原来仅以燃油发动机为动力的那个汽车了。以动力电池为能源、以电机驱动车轮转动的汽车正在逐渐成为公路主角。几乎所有汽车制造商已官宣停产纯燃油汽车的最后期限了。虽然现在马路上仍以燃油汽车为主，但燃油汽车的末日已可预期，电动汽车时代即将来临。那么，汽车变了，汽车设计当然也要随之而变。

　　距《汽车是怎样设计制造的》出版已有十年，汽车设计理念、表现手法、测试手段、制造工艺、材料技术等，也都有了明显的进步。为了适应汽车行业向电动化、智能化的升级转型，结合现代汽车最新的技术发展趋势，围绕包括电动汽车在内的汽车基本设计流程，以科学普及汽车设计知识为宗旨，更新和增补了大量与电动汽车、智能汽车相关的最新内容，精心编写了《汽车是怎样设计的》。本书囊括丰富的汽车设计知识，涵盖了当今汽车设计最新技术、手段和设计流程。

　　本书主要有以下创新特点：①内容与时俱进，体现汽车电动化、智能化进步趋势，不再局限于介绍燃油汽车设计的内容，而是在此基础上补充了电动汽车、动力电池和智能驾驶等相关知识；②选择最新款汽车图片作为配图，包括纯电动汽车结构图、动力电池结构图等；③增加汽车设计大师故事、经典设计车型、名车设计特点等相关内容，直接介绍汽车设计大师的独特经验和设计技巧；④随书配备相关视频，读者可直接扫码观看，沉浸式体验汽车设计手法和过程。

　　汽车变了，汽车设计也变了，汽车设计知识也要更新了！

270963083@qq.com

2023 年 3 月于北京

目 录
CONTENTS

前言　汽车设计也变了

第一篇　造型设计　001

第1章　设计前准备　001

1.1　市场调研　001
1.2　成功设计的基本要求　002
1.3　确定市场定位　004
1.4　制定设计任务书　005

第2章　车身造型设计流程　006

2.1　概念设计与草图绘制　006
2.2　车身类型选择　008
2.3　车身结构认识　009
2.4　车身设计效果图　010
2.5　车身比例　011
2.6　车身尺寸　014
2.7　轴距和轮距　015
2.8　车身计算机辅助设计　016
2.9　车身胶带图和壁上观车　017
2.10　车身油泥模型制作　018
2.11　车身油泥模型修改　019
2.12　色彩设计　020
2.13　造型"冻结"与样车制作　021

第3章　空气动力学设计　022

3.1　空气动力学　022
3.2　空气阻力的影响　023

3.3　空气阻力的产生　024
3.4　空气阻力系数　025
3.5　车身空气阻力影响因素　026
3.6　车身流线型设计　027
3.7　车身升力与伯努利定律　028
3.8　车身下压力与扰流板　029
3.9　车尾紊流与后刮水器　030
3.10　车底气流与"酒窝"底板　031
3.11　电动汽车空气动力学设计　032

第二篇　工程设计　034

第4章　工程设计与总布置　034

4.1　工程设计　034
4.2　总布置设计与团队协作　035
4.3　总布置计算　036
4.4　总布置尺寸设计　037

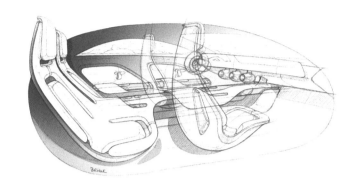

第 5 章　车身结构设计　038

5.1　车身结构类型设计　038

5.2　构建 A 级曲面与数模　039

5.3　车身吸能设计　040

5.4　车身撞击力分散设计　041

5.5　车门防撞设计　042

5.6　转向柱防撞安全设计　043

5.7　动力电池防撞击设计　044

5.8　车身轻量化设计　045

第 6 章　动力系统设计　046

6.1　动力系统选择　046

6.2　动力系统类型　047

6.3　发动机类型与排量　048

6.4　动力电池类型与容量　050

6.5　动力电池安全设计　052

6.6　电动汽车热管理设计　054

第 7 章　底盘设计　056

7.1　燃油汽车驱动形式　056

7.2　前轮驱动与后轮驱动　058

7.3　纯电动汽车驱动形式　060

7.4　电动汽车底盘设计特点　062

7.5　悬架设计与妥协　064

7.6　转向系统设计　066

7.7　制动系统设计　067

7.8　车轮设计与轮胎选择　068

第 8 章　内饰和座舱设计　069

8.1　内外设计风格统一　069

8.2　智能座舱技术　070

8.3　智能座舱多模态交互设计　071

8.4　H 点和空间布局　072

8.5　人机工程学与手伸界限　074

8.6　座椅和安全带设计　075

8.7　内饰设计与选材　076

8.8　NVH 特性与隔声设计　077

第三篇　样车测试　078

第 9 章　室内测试　078

9.1　模拟道路仿真测试　078

9.2　空气动力学测试　079

9.3　风洞　080

9.4　气候模拟测试　082

9.5　声学测试　084

9.6　碰撞测试　085

9.7　人机工程学测试　086

9.8　台架耐久性测试　087

9.9　动力电池安全性测试　088

第 10 章　室外测试　089

10.1　高级驾驶辅助系统测试　089

10.2　专业试车场测试　090

10.3　公共道路长途测试　092

10.4　极端温度试验　093

第四篇　汽车设计大师　094

第 11 章　汽车设计演变　094

11.1　60 款经典设计车型　094

11.2　技术进步与造型设计　106

11.3　进气格栅设计　107

第 12 章　他们怎样设计汽车　108

12.1　哈利·厄尔　108

12.2　巴蒂斯塔·宾尼法利纳　112

12.3　马尔科姆·塞耶　114

12.4　柯林·查普曼　116

12.5　乔盖托·乔治亚罗　120

12.6　布鲁诺·萨科　122

12.7　克里斯·班格　125

12.8　伊恩·卡勒姆　127

12.9　弗朗茨·冯·霍尔豪森　129

附录　132

附录 A　奔驰 S 级造型演变　132

附录 B　劳斯莱斯设计特点　134

附录 C　布加迪空气动力学设计　136

附录 D　匹配视频列表　138

第一篇 造型设计
STYLING DESIGN

第1章 设计前准备
PREPARATION BEFORE DESIGN

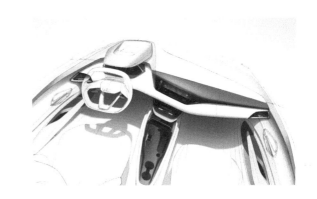

1.1 市场调研
MARKET RESEARCH

动手设计之前的市场调研是决定新车型成败的关键，是指导后面设计工作的方向和原则，它直接决定你要设计一款什么样的车，所设计车型的定位是什么。

虽然汽车都是由车身、底盘、内饰、动力系统、车轮等组成，但它们可以组合成各种各样的车型。每个新车型都应是从未出现过的，而且制造出来后要能被消费者接受。一款新车型只有始于市场，从市场出发，才能保证诞生后具有较强的市场生命力。

一般来讲，轿车车型的换代时间为5~7年，期间要经过一两次的改款，因此，一辆全新车型至少要提前2~3年进行设计开发准备。那么，怎样才能知道2~3年后推出的车型仍受欢迎呢？方法只有一个：根据市场调研信息，判断市场发展趋势，从而推测两三年甚至更长时间后人们对细分市场的购车要求。

市场调研可能耗时较长，需要专业精神和耐心，但在找准研发和设计方向之前不能动手，否则可能一开始就走在错误的路线上。

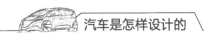

1.2 成功设计的基本要求
BASIC REQUIREMENTS FOR DESIGN

判断一款新车的设计是否成功，或者说是否拥有极强的生存价值，它必须满足三个方面的要求：

目标客户的物质和情感需求

众口难调，一款新车不可能满足所有人的需求，它只能符合一部分人的口味。因此，应了解目标客户群的行为习惯、情感诉求和消费方式等。有时购车者的消费观很奇怪，比如有的人虽然选购四轮驱动的越野车，但他可能从来不去越野；有人驾驶一辆运动性能非常强悍的汽车，但从不体验其激烈驾驶带来的快感，而只是喜欢驾车"招摇过市"。

制造商的技术能力要求

所设计的新车，其对制造工艺和材料供应的要求，要与制造商的制造能力和工艺水平相适应，比如全铝车身制造技术，就需要特别的制造工艺和材料。

目标市场环境的要求

所设计的新车，要能符合目标市场对汽车的环保性能、安全性能等法规要求，还要适应当地经济发展水平、文化倾向、税务政策和保险政策等。

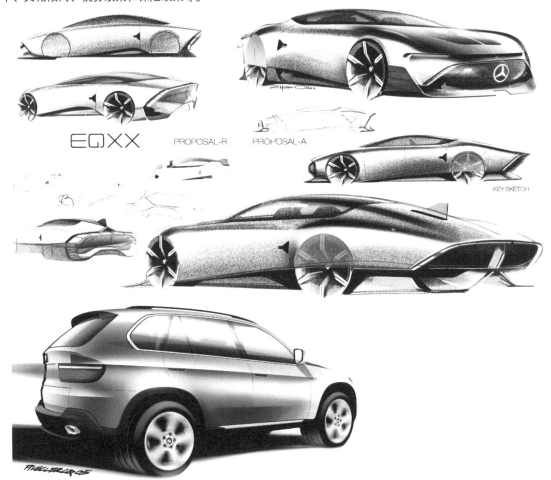

消费者关注的因素

价格、造型、车身尺寸、内部空间、承载人数、油耗、重量、操控性、动力性、实用性、舒适性、可靠性、越野能力、豪华级别、颜色、噪声、振动、排放、牵引能力、改装潜力、装载能力、售后服务、上下车便利性、机动灵活性、音响、安全性和碰撞成绩、品牌价值，以及新能源汽车的充电便捷性、续驶里程等。

制造商关注的因素

制造能力、制造成本、产品序列、平台共享、衍生车型、生产量、销售网络、售后服务、市场战略、人力资源、部件和总成采购、技术许可等。

市场环境影响因素

市场准入政策、法律法规、基础建设、人口密度、停车场所、社会治安、税收政策、保险制度、生态环境、文化倾向、经济发展水平、气候适应、销售量等。

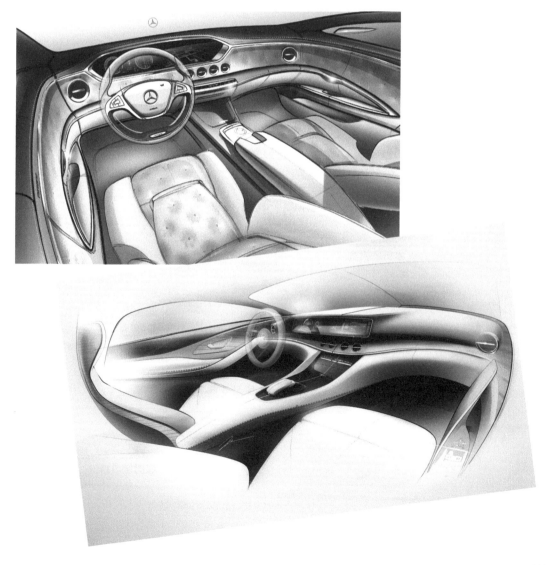

1.3 确定市场定位
MARKET POSITIONING

　　动手设计之前必须明确要设计一款什么样的车型，也就是要给新车型进行市场定位。任何一款车型都不是孤立的，都有近似车型或竞争车型，但你又不能设计一款与其他车型完全一样的车型，因此，必须首先为新车型定位。通常的做法是按照消费者对汽车主要功能要求制作定位坐标图，如以豪华性能为横坐标，以越野性能为纵坐标，就可列出数款 SUV 车型的定位坐标图；或者以豪华性能为横坐标，以运动性能为纵坐标，也可列出数款轿车的定位坐标图。从定位坐标图上，就可以找出市场空间和竞争对手，进而确定设计车型的市场定位。

车型性能定位示意图

　　注：此图为示意参考图，并不代表图中各车型的真实性能定位。

1.4　制定设计任务书
DESIGN BRIEF

市场定位确定后，还要为设计部门制定设计任务书。设计任务书是根据前期市场调研结果，根据制造商的能力、水平、条件等，向设计团队所提出的具体设计要求，相当于为目标新车型进行"画像"，具体描述所要设计新车型的功能、用途、细分市场等。新车型设计任务书的内容主要包括：

目标客户是谁——新车型是为什么人群设计的？这些人群的消费特点是什么？

什么类型——新车型是城市 SUV，还是偏越野的 SUV？是两厢运动轿车、三厢轿车，还是家用 MPV、商务 MPV？或者是一辆说不清是什么类型的跨界车型？是四轮驱动，还是两轮前驱或两轮后驱车型？是插电式混合动力汽车、增程式电动汽车，还是纯电动汽车？是一台电机还是两台、三台驱动电机？

什么级别——是商务豪华轿车、中高级三厢轿车，还是紧凑级两厢轿车？是全尺寸 SUV，还是小型城市 SUV？

性能要求是什么——性能要求侧重于加速性能、最高车速、燃油消耗、电量消耗、一次充电续驶里程、一次充满电时间、通过性能等的哪几项？

有什么突出特点——是一次充电续驶里程长，还是充电速度快？是空间宽敞、舒适性好，还是可乘坐人员数量多？是运动性能好、加速快，还是能耗低，省油、省电？是越野性能高、外观气派高贵，还是小巧灵便、美观可爱？

对制造技术、工艺、材料有什么要求——需要什么特别的制造工艺？需要什么特别材料（比如超高强度钢、碳纤维材料、激光焊接、铝材加工等）？

销售价位是多少——制造成本控制在什么区间？市场售价区间是多少？

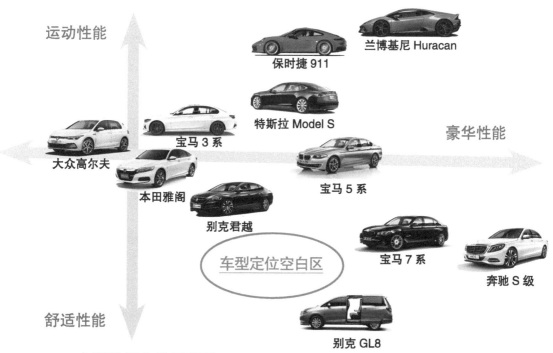

车型性能定位示意图　　　　注：此图为示意参考图，并不代表图中各车型的真实性能定位。

第2章 车身造型设计流程
BODY STYLING DESIGN PROCESS

2.1 概念设计与草图绘制
CONCEPT DESIGN

在新车型设计上，虽然各汽车厂家均有自己的独到之处，但真正动手设计时都是从一张白纸开始的，然后才开始它的漫漫旅途。草图绘制阶段是个自由奔放、头脑风暴的阶段，设计师们可以将自己各种大胆的设想和创作灵感，用铅笔或彩笔以线条草图的形式表现出来，而且表达的创意要清晰明了。

作为一位汽车造型设计师，必须具备非常敏锐的洞察力，时刻吸取设计灵感，收集潮流信息，了解竞争对手的车型，留心其他设计领域的发展趋势，更要注重与消费者、销售商、工程师的交流沟通等。设计师的创作灵感来源广泛，而且优秀的汽车造型设计师的爱好也十分广泛，比如一位跑车造型设计师曾说他从滑雪运动中获得灵感。一位缺乏生活情趣和个人爱好的设计师，是很难创作出优秀设计作品的。设计师往往是从生活点滴中得到灵感，经过无数次的思维碰撞，最终将之融合在一起，初步绘制出设计草图。

造型设计师根据市场调查和车型定位，将最初的灵感绘在纸上，经过不断修改，再把它展示给主设计师和其他设计人员，一起进行讨论。以某汽车公司为例，在设计项目开始阶段，有5~10名设计师分别绘制草

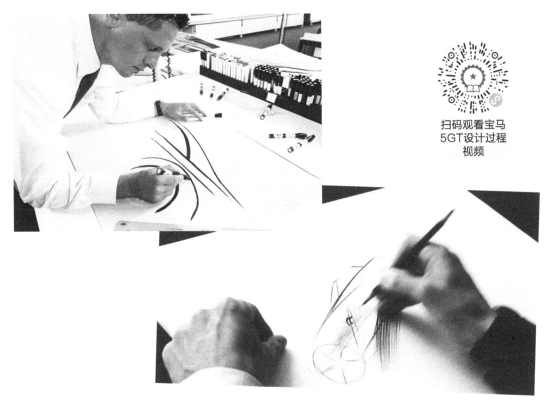

扫码观看宝马
5GT设计过程
视频

图，每个设计师都设计构想大约 4 个模型，针对一款车型的设计草图有 30~50 张。在此阶段设计师们最关注的并不是造型设计的细节，而是整体形象的视觉化效果。

　　然后，随着设计团队一次又一次的设计、陈述、筛选，通过设计师之间的交流与沟通，设计构想模型数量会越来越少，直到最后剩下最能表达设计目标的那一个。

　　绘制草图的阶段是不可逆的初始阶段，在进入后面的实质设计工作后，不能再回头重新寻找设计灵感，更不能重新绘制草图。因此，草图绘制也是汽车灵魂和风格确立的阶段，后面的设计都要以草图为基础进行细化和技术实现。

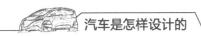
2.2 车身类型选择

BODY TYPES

　　车身类型对汽车造型影响最大。汽车是为了满足某些特定功能而设计制造的车辆，不同特定功能需要特定的车身结构和车身造型。下面是一些典型车身类型的侧视图，涵盖了现在市面上的主流车型。然而出现了越来越多不属于"典型"车身类型的汽车，也就是所谓的"跨界"车型，它们往往可以满足更多的功能需要，如两厢轿车+SUV、三厢轿车+轿跑车、旅行轿车+MPV以及SUV+轿跑车等。

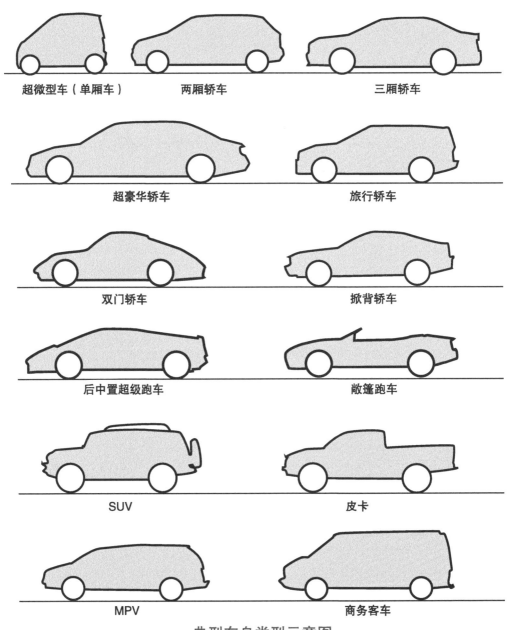

典型车身类型示意图

2.3　车身结构认识

BODY STRUCTURE

扫码观看车身
结构视频

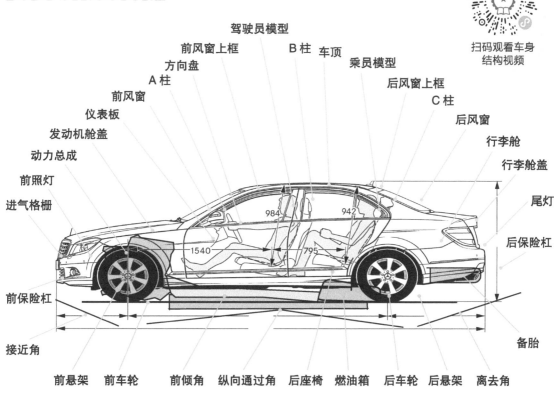

三厢轿车车身结构示意图

驾驶员模型　前风窗上框　B柱　车顶　乘员模型　方向盘　A柱　前风窗　仪表板　发动机舱盖　动力总成　前照灯　进气格栅　后风窗上框　C柱　后风窗　行李舱　行李舱盖　尾灯　后保险杠　前保险杠　接近角　前悬架　前车轮　前倾角　纵向通过角　后座椅　燃油箱　后车轮　后悬架　离去角　备胎

984　942　1540　795

　　就像画人像必须先了解人体骨骼结构一样，要想赋予汽车一个漂亮的外观造型，也要先认识了解车身结构，然后在车身结构的基础上再进行车身造型设计。在某种程度上，外观设计就相当于是对车身结构进行"包装"，为车身结构披上合身、漂亮的外衣。

　　不同类型和级别的汽车，它们的车身结构区别较大，而不同结构的车身，其车身比例、车身尺寸会有很大不同。比如，SUV 车型的轴距较短、车身较高、最小离地间隙较大；豪华轿车的轴距往往较长，车身较宽；运动跑车的车身较矮，车身较宽，轮距较大，而且往往后轮距大于前轮距。动力总成位置、驱动方式、座椅布置和数量等，对车身造型设计都会有较大影响。因此，做外观设计时，也要同时或预先规划好车身结构。

2.4 车身设计效果图

DESIGN DRAWING

在数个创意草图中确定下来的候选方案，可能来自某个人的灵感，也可能是多人创意的集成或折中，但最终设计部门总要拿出一个或数个方案让上级部门审查通过。这时如果再以草图形式体现，就很难让上级部门明白其设计理念，因此，一般都要绘制更加详细的效果图，看看是否能得到上级负责人的认可。

效果图比草图更细致，不仅局部细节更逼真，而且立体感更强。为了让人们看清各部位的细节，效果图一般都是彩色图，线条已不多见，并有不同角度的视图。有些效果图是手绘的，马克笔、色粉或者喷枪都会采用，或者利用计算机绘制。

效果图包括外观、内饰及色彩三大部分，一般由不同的专业设计师分别进行设计和绘制。汽车的外观和内饰设计风格要求统一，甚至车灯和车身外观的造型风格都要保持一致。在外观、内饰和色彩三大部分的效果图完成后，便可在计算机中建立 CAD 虚拟汽车模型，让审查人员更详细直观地了解新车设计效果。

效果图一般都是用彩色图体现，这样不仅可以让设计图显得更有层次感和立体感，也能显现车型的特点和风格，比如商务车型喜欢用暖色调或深色调，而运动车型则喜欢用比较艳丽的浅色调

2.5　车身比例
BODY PROPORTION

车身比例主要受三大因素影响：一是乘员舱空间，二是行李舱空间，三是动力总成布置。另外，最小离地间隙、前后保险杠设计和空气动力学特性，也会对车身比例产生较大影响。

从车身侧面图可以看出，乘员舱空间占据车身侧面大部分面积，汽车中间部分的造型几乎就是乘员舱的造型，它对车身比例的影响最大。

燃油发动机跑车车身比例

对于普通车型而言，发动机一般都位于车辆前部，因此它对车身比例的影响相对较小，然而对于跑车而言，发动机可能会放在不同的位置，它对车身比例的影响较大。

如果发动机布局方式为前中置式，也就是将发动机放置在前轴与乘员舱之间，那么，这样的跑车往往会拥有一个非常长的发动机舱，而乘员舱则被推向后轴附近。

如果发动机布局方式为后中置式，也就是将发动机放置在后轴与乘员舱之间，那么车辆的中部往往比较高，而且后轮离车尾的距离（也就是后悬）会更短一些。

如果发动机布局方式为后置式，也就是将发动机放置在后轴上面或后面，那么后轴与车尾部之间的距离（也就是后悬）就要长一些，以放置发动机。

前悬　　　　轴距　　　　后悬

前中置式发动机跑车

前中置式发动机布局的跑车，发动机在前轴后，乘员舱比较靠后，轴距较长，前悬和后悬都较短

前悬　　　　轴距　　　　后悬

后中置式发动机跑车

后中置式发动机布局的跑车，发动机在后轴前，乘员舱比较靠前，后悬非常短

前悬　　　　轴距　　　　后悬

后置式发动机跑车

后置式发动机布局的跑车，发动机在后轴后，后悬比较长，轴距较短

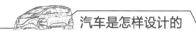

典型三厢轿车车身比例

奔驰 E 级轿车、宝马 5 系轿车、奥迪 A6 轿车的车身比例非常
近似。其车身比例可用车轮直径来衡量，比如：

车身高度是车轮直径的 2 倍；

轴距接近车轮直径的 4.5 倍；

后悬长度接近或相当于车轮直径；

前悬长度接近车轮半径。

扫码观看奔驰
EQ展示车视频

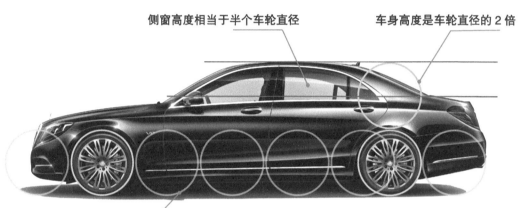

侧窗高度相当于半个车轮直径　　　车身高度是车轮直径的 2 倍

轴距接近车轮直径的 4.5 倍　　　**梅赛德斯–奔驰E级**

前悬长度接近车轮半径　　　**宝马5系**　　　后悬长度接近或相当于车轮直径

奥迪A6

典型 SUV 车身比例

为了保证拥有较高的通过性，SUV 车型的轴距相比三厢轿车要短一些，车身也更高些。奔驰 GLE、宝马 X5、奥迪 Q7 也都拥有较为近似的车身比例，即：

轴距接近车轮直径的 4 倍；

从车底到车顶的高度相当于车轮直径的 2 倍；

车身总高度比车轮直径的 2 倍稍高（高出的距离与最小离地间隙相当）；

为了保证通过性，拥有较大的接近角和离去角，SUV 的前悬、后悬也较短，与车轮半径基本相当。

从车底到车顶的高度相当于车轮直径的 2 倍　　　　车身总高度比车轮直径的 2 倍稍高

轴距比车轮直径的 4 倍稍短　　　后悬与车轮半径基本相当

梅赛德斯–奔驰GLE

宝马X5

奥迪Q7

2.6 车身尺寸
BODY DIMENSION

在设计车身时，首先要考虑车身尺寸和车身比例。所要设计汽车的级别定位，往往会影响车身的尺寸，比如，设计一款微型车、小型车或中型车，它们的车身尺寸肯定不一样。因此，在设计汽车时首先要确定所要设计汽车的级别。然而，不同国家或不同的汽车制造商，可能对车辆级别的划分依据不同，比如在美国，如果说小型车，它的车身可能要比在日本和欧洲所说的小型车大一些。

汽车所承载人数的多少，更直接影响车身尺寸，比如7座的MPV或SUV，往往要比5座的同级别车型的车身长一截。

另外，针对不同市场，也可能设计不同尺寸的车身，比如许多欧洲品牌汽车引进我国生产后，往往会加长轴距，以扩大车身纵向空间，提高舒适性。

总体来讲，现在汽车是越造越大，每换代一次，车身一般都变得更长更宽。

汽车车身尺寸与地域文化也有关系，比如，车身宽大的汽车在我国比较受欢迎，而欧洲道路上跑的大多是短小精悍的两厢小车。因此，一些欧洲车进入我国市场时都要"加长"或"加尾"

2.7　轴距和轮距
WHEEL BASE AND TRACK

在确定车身尺寸过程中，车轮位置应是最先确定的项目。根据车型类型、车型级别、市场定位、驱动方式等，可以先将驱动轮位置和车轮规格确定下来。然后，根据驱动方式、驾乘空间的安排及前后重量分配等，再把非驱动轮（或四驱车的另一对驱动轮）位置确定下来，即确定轴距长短。

轮距的大小主要受车身宽度限制。如果对车辆的运动性有较高要求，那么轮距相对还要宽一些。一些后轮驱动的跑车还可能采用前轮距小、后轮距大的设计方式。

车身关键尺寸

车长：从前保险杠到后保险杠之间的距离
车宽：车身的最大宽度，常常在 B 柱处测量
车高：从地面到车顶最高处的距离（包括车顶架）
轴距：前车轴轴心到后车轴轴心之间的距离
前轮距：前轮左右轮胎侧面中心的水平距离
后轮距：后轮左右轮胎侧面中心的水平距离
前悬：从前轴轴心到车体最前端的水平距离
后悬：从后轴轴心到车体最后端的水平距离
最小离地间隙：车身离地面的最小高度

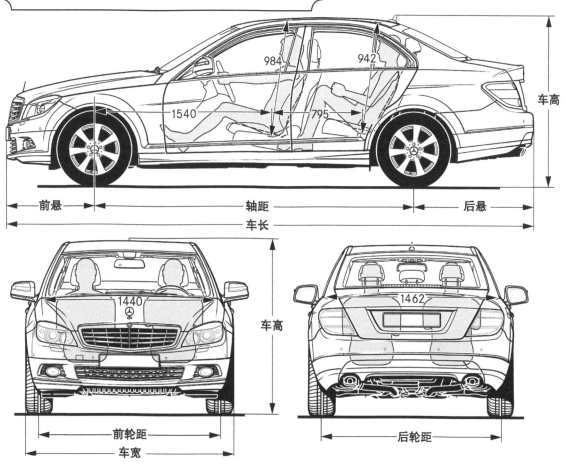

2.8 车身计算机辅助设计
COMPUTER DRAWING

当车身尺寸和车内空间安排确定后，就可以在确定的基本尺寸上进行车身外形和内饰设计了。

计算机技术在汽车设计中的应用极为重要，为了少走弯路并将设计效果逼真地表现出来，现在都是借助计算机辅助设计技术，利用绘图软件在计算机上绘制出非常逼真的三维数据模型。这种三维数据模型的数据可以直接输入五轴铣削中心，直接铣削出油泥模型。更为重要的是，设计人员可以利用计算机技术对效果图进行编辑、平移、旋转等，甚至还能呈现碰撞试验的模拟效果图。

2.9 车身胶带图和壁上观车

TAPE SKETCH

为了更方便人们了解新车造型设计的创意，可以用胶带按 1∶1 的比例将新车的轮廓形象在墙壁或展板上展现出来，或用大型屏幕将新车造型展现在大家面前。胶带图的曲线数据取自 1∶5 比例的小油泥模型，目的是让设计人员更形象地体会全尺寸的车身外观造型线条，检查每个线条是否足够合理和优美，若不合理，还可以重新调整胶带图曲线，直到满意后再还原到油泥模型塑造上。

使用胶带图展现造型创意有三大优势：一是可以贴出跨度很大的弧线和 1∶1 尺寸的车身侧面造型，让设计师初步感受车身比例和侧面视觉；二是易于修改调整车身线条，设计师可以亲手调试每一根线条的线形，直观感受车身上每一根线条之间的关系与趋势；三是简单易行，操作成本极低，不需要特殊场地，非常方便。

随着数字建模技术的进步，1∶1 全尺寸胶带图在汽车设计中的应用有所降低，但仍有一些汽车设计师在前期设计中喜欢使用胶带图。

胶带图可以使设计草图更直观，尤其是对车身线条、车身比例等，使其更为清晰明了

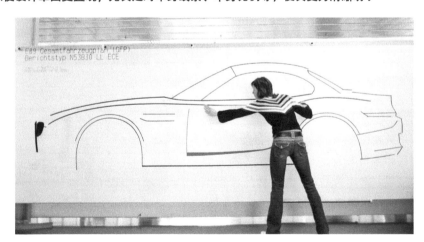

扫码观看胶带
图视频

2.10 车身油泥模型制作
CLAY MODEL

虽然现在计算机技术极为发达，但计算机上的效果图并不能完全替代传统的油泥模型（又称黏土模型）设计。油泥模型制作仍是现代汽车设计过程中一个不可或缺的过程。

其实我们小时候玩的橡皮泥就是一种油泥，它可以随意塑造成各种形状，尤其是用来表现表面圆润光滑的汽车车身，更为方便、直观，而且容易修改。传统汽车油泥模型的制作比较麻烦，要全部由手工操作，制作一个车身油泥模型大概需要3个月的时间。而现在基本都采用五轴铣削中心来进行先期制作，制作一个车身油泥模型的工期只有1个月左右。其制作方式是先将车身规格尺寸、车身草图等以三维形式在计算机上表现出来，修改确定后，将这些数据存入五轴铣削中心，即可由它铣削出油泥模型的初样，只不过这个初样比较粗糙，还需要设计师和模型师细化加工，才能成为合格的油泥模型。

一般先制作一个1：5比例的小模型，并将小模型放置在风洞中进行测试，测量其风阻系数等空气动力学数据。经过不断修改并确认后，才能制作1：1比例的油泥模型。

扫码观看油泥
模型制作视频

五轴铣削中心

五轴铣削中心其实是一个精密数控机床，它可以加工多种物件，比如木制家具、卫浴修边、艺术品加工、泡沫模具加工等，还广泛应用于航空航天、军事、科研、精密器械、高精医疗设备等。它不但能够完成复杂工件的机械加工任务，而且还能够提高加工效率，缩短加工流程。

2.11　车身油泥模型修改
CLAY MODEL EVALUATION

　　油泥模型可以随意修改，正是由于这个特点，可以尽情利用风洞对其进行各种测试，然后不断完善，直至满意为止。在风洞中主要测试油泥模型的风阻系数及空气流过车身时产生的效应，观察哪里会产生紊流、哪个部位的设计会影响风阻系数。这个阶段是造型设计师与空气动力学专家合作的阶段，他们共同探讨所遇到的车身造型设计问题，共同改进车身造型，使之趋向完美，既符合造型设计师的审美要求，又能达到空气动力学的技术要求。

　　在评审通过后，通过三维扫描将实体模型转换为点云输入到计算机，进入下一阶段进行曲面光顺处理。

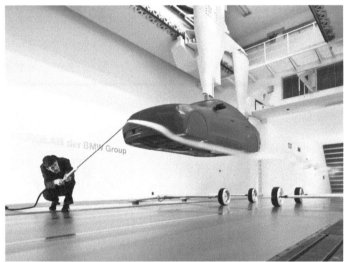

小比例汽车模型在风洞中的测试只能是粗线条的，不是非常精确，一是因为模型还没完全定型；二是因为小比例模型做得还不够精细，比如它的车轮室就与真实车轮室有较大差别，不能完全反映气流通过时的状态。正因如此，才更要使小比例模型的风阻系数达到优秀，否则当放大比例后，它的弱点也会跟着被放大

对在风洞试验中不太满意的地方，由油泥模型工艺师进行修改。修改工作室往往就设在风洞隔壁。此时也是空气动力学专家与造型设计师交锋最激烈的阶段

2.12　色彩设计
COLOR DESIGN

　　色彩设计师负责研究、设计和开发车辆外观、内饰的颜色和材料。这些材料主要包括油漆、塑料、织物、皮革、木材、金属、地毯等。色彩设计师要与外观和内饰设计师密切合作，通过颜色设计对比，纹理和图案完美结合，有时还要配合灯光设计等，给使用者营造一个独特的车内舒适环境。

　　一般来讲，汽车的外观由两三种颜色搭配组成，车身大面积钣金表面采用一种颜色的油漆喷涂而成；B柱、C柱、D柱、车顶行李架、保险杠、轮眉、防擦条等可能采用黑色设计；一些装饰条则可能设计成另一种颜色。

　　汽车内饰色彩往往由三四种颜色搭配组合，仪表板、扶手、车门内饰板、中控台、杂物箱等，一般采用黑色或深色；座椅面、中控台面板等采用浅色；门内拉手、变速杆、一些操作钮、装饰条等往往采用亮银色设计；车顶内饰板、门饰板等采用浅灰色设计；地板往往采用深色材料。

　　当推出一款车型时，往往同时推出不同颜色车身的款式。尤其是以年轻人为主要消费对象的两厢轿车等车型，其车身外观颜色往往都比较艳丽和明快，颜色款式选择也较多；而豪华轿车为了彰显庄重感，其车身颜色往往以黑色或深色居多。

2.13　造型"冻结"与样车制作
STYLING FREEZE AND PROTOTYPE

当前述设计程序完成并通过审批后，将造型设计"冻结"，对外观和内饰造型、设计数据、机械参数等进行最后确认和固定，此后开始进入工程样车制作阶段，并确定样车首次亮相、新品发布和上市等时间表。工程样车基本都是手工制造完成的，甚至一些车身部件都是手工敲打出来的。

样车有两大作用：一是完全体现和检查设计师们的设计成果，看有什么问题和缺陷；二是为最终生产制造做准备。因此，样车也有多种，一些样车只有外壳和车轮，里面没有动力系统，这种样车虽然无法行走，但可以直观展现造型设计，还可以进行风洞测试。

最终的样车应是安装有动力系统、行走机构等，可以驾驶奔跑的车辆。这种样车与从生产线上大批量生产的汽车没有太大区别，它只是小批量生产而已，也可能缺少一些装饰件，但它的主要用途是进行室内和室外各种测试等。

样车可以进行修改和调整，它可以用来检验是否能够顺利制造生产，比如制造成本是否过高，部件之间是否有干涉，部件安装和维修是否困难，可靠性及耐久性是否过关，行驶性能、动力性能、安全性能等是否达到设计要求。可以说样车的测试阶段就是一个不断修改和不断完善的过程，只有经得起实际考验的样车，最终才能进入生产制造过程。

按照设计图样制作完成一辆样车后，对设计人员来说好像可以暂时松口气了，但其实后面的测试情况会更让设计人员提心吊胆，因为那才是检验设计是否合理、合格的重要阶段

扫码观看从概念设计到样车制作视频

第 3 章 空气动力学设计
AERODYNAMIC DESIGN

3.1 空气动力学
AERODYNAMICS

空气动力学是流体力学的一个分支，是研究空气或其他气体与飞行器或其他物体发生相对运动特性的学科。它是在流体力学的基础上随航空航天技术的发展而形成的一门学科。

在空气动力学试验中，工程师们最关注两大方面内容：**空气阻力和行驶稳定性。**

通过空气动力学测试，可以不断修改汽车的外观造型，降低汽车的风阻系数，减小汽车行驶中遇到的空气阻力，从而节省能量消耗。空气动力学专家声称：每减少 10% 的空气阻力，就会降低 2.5% 以上的能量消耗。

空气动力学在汽车上的另一个重要应用是提高汽车的行驶稳定性。一辆汽车在行驶时，会对相对静止的空气造成不可避免的冲击，空气会因此向四周流动，而蹿入车底的气流便会被暂时困于车底的各个机械部件之中，空气会被行驶中的汽车拉动，所以当一辆汽车飞驰而过之后，地上的纸屑和树叶会被卷起。此外，车底的气流会对车头和发动机舱产生一股升力，削弱车轮对地面的抓地力，影响汽车的行驶稳定性和操控表现。

另外，合理应用空气动力学设计，还可以让汽车在行驶中较为安静，使进入车内的空气量较为合适，还能引导空气对制动系统、动力电池等进行冷却。

测试人员手持"烟枪"在车身周围，在巨大风力中即可看到气流流过车身周围的情况

根据测试结果可模拟出汽车周围气流速度的情况

3.2　空气阻力的影响

THE EFFECT OF AIR RESISTANCE

　　汽车在马路上飞奔时，它实际上是要在空气中钻过一个洞。空气虽然看不见，但它确实存在。空气会对汽车会产生阻力，这种阻力会消耗汽车的能量，并影响汽车的速度。

　　当高大的汽车穿过空气时，它自然必须钻过一个比较高的洞，这就要付出更艰辛的努力和消耗更多的能量。如果汽车的外形棱角分明，在棱角的前面和后面还会扰乱空气的流动顺序，形成所谓的"紊流"。紊流会影响空气流过车身的速度，增加汽车行驶时的阻力。

　　跑车、赛车等追求高速度的车型，一般都会把车身设计得很低，这样在行驶时只需要在空气中钻过一个较矮的洞即可。跑车的造型设计师还会把车身设计得非常平滑，更具流线型，这样空气可以很顺畅地流过车身，尽量减小空气对汽车行驶的影响。

　　由此看来，汽车的外形会影响汽车的速度和能耗，因此在设计汽车外形时不仅要考虑它的美观，还要研究空气对它的影响。

悍马 H2 车身高大，车头呈方形，前风窗玻璃比较陡直，因此它受空气阻力的影响比较大

兰博基尼 Reventon 跑车的车身呈楔形，低矮而扁平，具有极佳的流线型，因此它受空气阻力的影响相对较小

3.3 空气阻力的产生
THE CAUSE OF AIR DRAG

静止的汽车不会遇到空气阻力。汽车行驶时你把手伸出窗外，就可以很容易地感觉到有一股力量往后推动你的手，这个力量就是空气阻力。

空气阻力由压力阻力和摩擦阻力两部分组成。流动的空气作用在汽车外表面上的压力，称为压力阻力。由于空气的黏性而在车身表面产生的摩擦力，称为摩擦阻力。

一般汽车在前进时所受到的空气阻力大多是来自前方，除非侧面风速特别大，不然不会对车辆产生太大影响，就算有，也可以通过方向盘来修正。

空气阻力对汽车性能的影响很大。一辆车能否顺利从研究发展至生产，它的能耗指标非常重要。而空气阻力对能耗量有非常大的影响。因为当车辆在行驶时，**空气阻力与车速的二次方成正比**，如 100km/h 行驶时受到的空气阻力是 50km/h 的 4 倍，是 25km/h 的 16 倍。空气阻力越大，它就需要消耗更多的能量来增加驱动力，以克服遇到的空气阻力。若外形设计不合理，车身风阻系数较大，能耗自然就较高，就会失去市场竞争力。

根据测试，当一辆轿车以 80km/h 的速度前进时，约有 60% 的动力是用来克服空气阻力的

空气速度

| 0.0 | 0.2 | 0.4 | 0.6 | 0.8 | 1.0 | 1.2 |

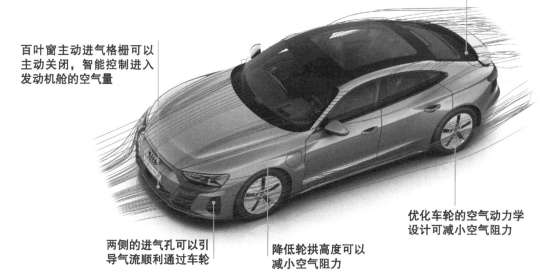

自动调节式后扰流板可保证车辆行驶稳定性

百叶窗主动进气格栅可以主动关闭，智能控制进入发动机舱的空气量

优化车轮的空气动力学设计可减小空气阻力

两侧的进气孔可以引导气流顺利通过车轮

降低轮拱高度可以减小空气阻力

3.4 空气阻力系数
COFFICIENT OF DRAG

　　一般来讲，汽车在平地上正常行驶时所受的力大致来自三个方面：一是由动力总成输出的前进力量；二是来自地面的摩擦力；三是空气阻力。空气阻力可以通过空气阻力系数计算出来。

　　空气阻力又称风阻，空气阻力系数又称风阻系数。风阻系数一般用 C_d 表示，它是衡量一辆汽车受空气阻力影响大小的值。风阻系数越小，说明它受空气阻力影响越小，反之亦然。一般来讲，流线型越强的汽车，其风阻系数也越小。

　　风阻系数不是凭空算出来的，它是根据风洞测试结果计算出来的。当车辆在风洞中测试时，借由风速来模拟汽车行驶时的车速，再以测试仪器来测知**该车需要花多少力来抵挡风的阻力，使车不至于被风吹后退**。在测得所需之力后，再减去车轮与地面的摩擦力，就是空气阻力，也就是风阻了，然后再根据空气动力学的公式算出风阻系数。

$$风阻系数 = \frac{空气阻力 \times 2}{空气密度 \times 正面面积 \times 车速二次方}$$

　　一辆车的风阻系数是固定的，根据风阻系数即可算出车辆在各种速度下所受的空气阻力。一般来讲，我们看到的大多数轿车的风阻系数在 0.28 左右，流线型较好的汽车如跑车等，其风阻系数可在 0.25 以下。

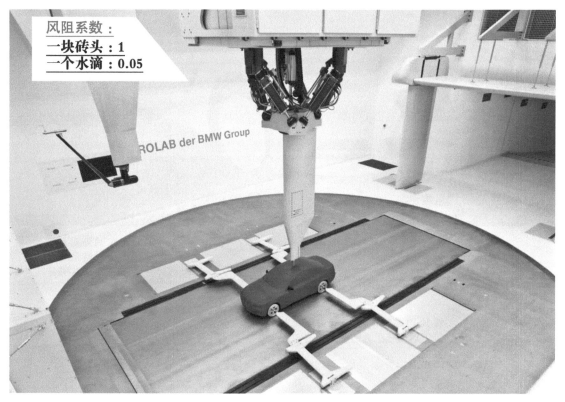

汽车模型所受的空气阻力就是通过车顶上的压力传感器测得的。风洞中的精密电子秤可以测得一枚硬币的重量。汽车模型下面是模拟道路行驶状态的传送带，它甚至可以模拟汽车在转弯时遇到空气阻力的状况

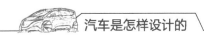

3.5 车身空气阻力影响因素

INFLUENCE FACTOR OF AIR DRAG

　　并不是只有车身外形才会影响空气阻力的大小，汽车的底部、车轮和车轮室等也会影响汽车所受空气阻力。有专家认为：汽车的外形和车身比例对空气阻力的影响约占 40%；车轮和车轮所在空间（即车轮室）对空气阻力的影响约占 30%；车身底部对空气阻力的影响约占 20%；空气进入车内对空气阻力的影响约占 10%。

　　从上面数据也可看出，要想让汽车拥有一个较小的风阻系数，主要应在以下四个方面做文章：

　　其一，将汽车设计得更具流线型、更平滑，车身附件更小巧和隐蔽，让空气更容易、顺畅地通过车身，在尾部不能产生较大的紊流。

　　其二，车轮不能太宽，车轮室不能太深。

　　其三，车身底部应布局合理，排气管等部件应尽量平整，利于空气从车底通过。

　　其四，车前部的进气孔设计要合理，让进入车内的空气不能太多也不能太少，这是因为冷却动力总成和制动系统时都需要空气，同时也要保持乘员舱内空气新鲜。

空气进入车内对空气
阻力的影响约占 10%

车轮和车轮所在空间（即车轮
室）对空气阻力的影响约占 30%

汽车的外形和车身
比例对空气阻力的
影响约占 40%

车身底部对空气阻
力的影响约占 20%

3.6 车身流线型设计
STREAMLINE DESIGN

1934 年，克莱斯勒公司率先将流线型汽车"气流"（Airflow）投入市场。这种车的外形是严格按照空气动力学原理设计的，甚至把这辆车像一架飞机一样放在风洞中进行测试。

"气流"的先进性不仅体现在设计方面。与以前的汽车不同，它舍弃了笨重的车架加车身的非承载式车身结构，采用了现今最为通用的承载式车身，使车辆的自重大大减轻。这款汽车的外观造型设计虽颇得空气动力学要旨，但对普通人来说它的长相有点难看甚至让一些人难以接受，导致销售较差。

现在，新车造型设计方案确定之前，一般也要放进风洞进行测试，主要是为了增强汽车的行驶稳定性和降低风阻系数，让汽车更安全、更节能。

1934 年克莱斯勒推出的"气流"轿车，是世界上第一款流线型汽车

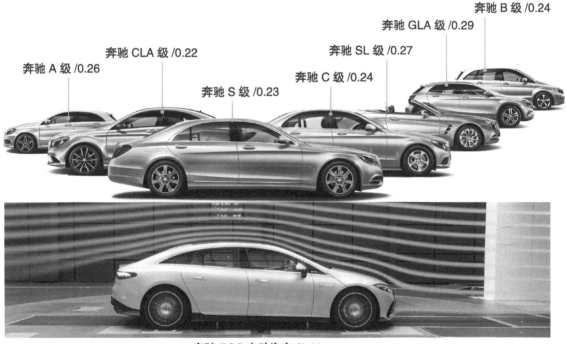

奔驰 EQS 电动汽车 /0.20

梅赛德斯–奔驰车系风阻系数示意图

3.7 车身升力与伯努利定律
LIFT FORCE AND BERNOULLI'S LAW

汽车在行驶时会受到一种向上升的力量，即升力。升力是飞行的基本要素，但就陆地行驶来说，升力却是不利因素，因为车轮要紧贴路面才能产生抓地力。

流线型的车身与飞机机翼有一个共同点：在它们上部表面掠过的空气，其流程比在它们底部掠过空气的流程长。掠过汽车上面的空气在相同时间内流程较长，那么这部分空气的流速也就较快。根据流体力学中伯努利（Bernoulli）定律：**在一个流体系统，比如气流、水流中，流速越快，流体产生的压强就越小**。因此，汽车上部所受的空气压强要比底部小，这种压强差便会对车身产生升力。

也可以这样理解升力产生的原因：当汽车前进时，气流与车头互相碰撞后，有一部分气流会从车子上方流过，一部分则从车底流过，而从车顶流过的气流行程较长，因此气流密度也就降低了；而从车底流过的气流，则有点被"压缩"的情形，压力较上部气流大，因此每辆汽车多少都会受到升力，而且汽车的行驶速度越高，升力越大。

升力虽然有利于减小滚动阻力，但升力太大后，就会使轮胎与地面的摩擦力降低。然而汽车就是依靠轮胎与地面的摩擦力前进的，这种摩擦力实际上就是我们常说的轮胎抓地力。抓地力减小后，汽车的驱动力就很容易突破抓地力极限而使车轮打滑，从而影响汽车行驶时的稳定性。同时，抓地力减小还会影响驱动力的发挥。因此，在后驱型的跑车或赛车上，会加装扰流板来增强车尾的下压力，从而提高后轮的抓地力，保证跑车和赛车的操控性和动力性。

升力

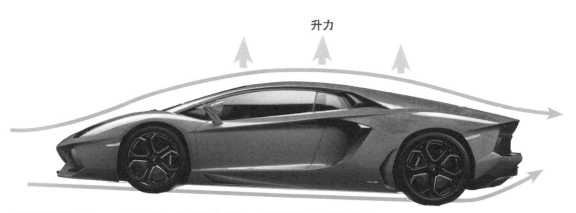

根据伯努利（Bernoulli）定律，流体速度越快，压强就越小。通过汽车顶部的空气速度较流过汽车底部的空气速度快，因此汽车上面受到的压强较底部受到的压强小。这种压强差造成空气对汽车有一个升力，飞机就是靠这种升力而起飞上天的

扫码观看车身
空气动力学
设计视频

3.8 车身下压力与扰流板
DOWN FORCE AND SPOILER

所谓的扰流板，是指安装在汽车车身上的一些空气动力学部件，以改善和平衡汽车高速行驶时的动力与稳定性。扰流板是人们受到飞机机翼的启发设计的。在汽车尾端上安装的这个平行板的横截面与机翼的横截面相同，只是反过来安装，平滑面在上，抛物面在下，这样车子在行驶中就会产生与升力同样性质的作用力，只是方向向下，利用这个向下的力来抵消车身上的升力，从而保障了行车的安全。

汽车上的扰流板多种多样，如赛车上的扰流板较高，这是为了充分发挥扰流作用，使没有乱流的气流直接作用在扰流板上，而且使它产生的下压力不致作用于车身而抵消其效应，因此必须将扰流板离开车身表面安装。两厢车的顶盖后缘常安装一个像鸭尾那样的扰流板，使顶盖上一部分气流被引导流过后风窗玻璃表面，将后窗表面浮尘消除，避免浮尘附着而影响汽车后视野。

车尾扰流板在增压下压力的同时，也会增加空气阻力，因此，一些跑车将车尾扰流板设计成可根据汽车速度而自动调节上仰角度。当车速较低时，上仰角度降低，以减小空气阻力；当车速较高时，上仰角度提高，以增强下压力，提高行驶稳定性。

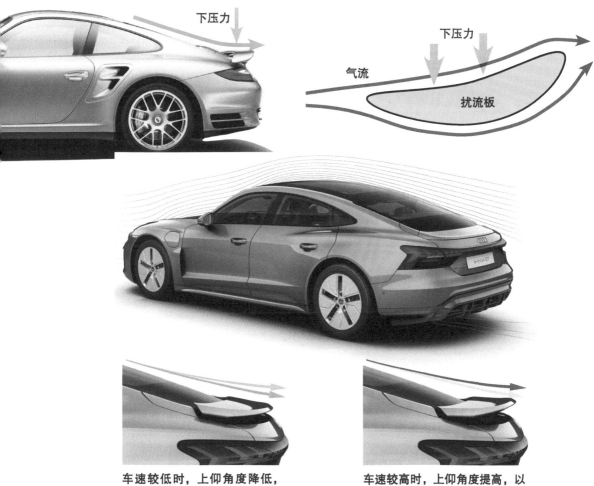

车速较低时，上仰角度降低，以减小空气阻力，节省能耗

车速较高时，上仰角度提高，以增强下压力，提高行驶稳定性

3.9 车尾紊流与后刮水器
TAIL TURBULENCE AND REAR WIPER

气流在通过汽车时并不是一帆风顺，不仅要遇到阻力，而且在车尾还容易形成紊流，也就是乱流。它甚至会伴随车辆前进，从而影响其他气流流过车身，无形中也会增加一些空气阻力。尤其是两厢车，尾部紊流更严重。因为两厢车的车顶气流到后风窗顶端时突然下降，在后风窗处形成负压，从而形成较大的涡流，以致后风窗玻璃更容易蒙上尘土，所以，两厢车一般都会安装后刮水器，以及时清除后风窗上的尘土。另外，一些两厢车在车尾顶部安装车顶扰流板，这样可以使气流更顺利地流过车顶，从而减小空气阻力。

三厢车的车顶气流一直到行李舱盖后端时才会突然下降而形成紊流。然而在流过后风窗时，由于气流所受压强仍然较大，它会快速"扫过"后风窗，从而使后风窗玻璃保持较为干净的状态。

经过改善后的两厢车身造型，可以减少车尾部的紊流现象

三厢车只会在行李舱后面形成紊流，而在后风窗玻璃上，气流则会顺利流过

3.10 车底气流与"酒窝"底板
AIRFLOW UNDER BODY AND "DIMPLES"

　　根据伯努利定律知道，汽车行驶时车身会产生一定的升力，产生升力的根本原因是通过车底部的气流没有车顶部的气流速度快。升力会影响汽车的行驶稳定性和驱动力发挥。因此，要想减少升力，就要设法提高通过车底部的气流的速度。为此，现在的汽车底部都尽量设计得平滑、顺畅，或用护板将凸起物覆盖起来。如 F1 赛车则干脆用一个大护板覆盖在车底部，以提高气流通过车底部的速度。

　　某款纯电动汽车为了增加续驶里程，在底板上设计一些"酒窝"，就像高尔夫球表面上的凹陷一样，允许气流通过时有针对性地旋转，产生规则而稳定的小涡流，减少紊流的产生，引导空气稳定而快速地流过车底，从而达到减小车身升力、增强行驶稳定性和驱动力，最终延长续驶里程的目的。

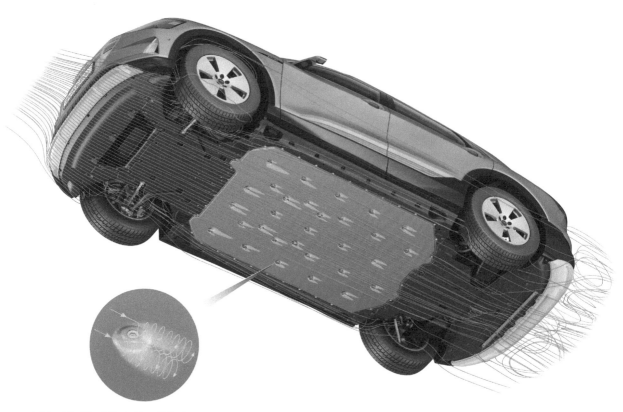

底板上的"酒窝"设计，就像高尔夫球表面上的凹陷，允许气流通过时有针对性地旋转，产生规则而稳定的小涡流，让空气稳定地流过车底，从而减少紊流产生和降低空气阻力，延长续驶里程

奥迪e-tron电动汽车"酒窝"底板设计

扫码观看车底
空气动力学
设计视频

3.11 电动汽车空气动力学设计
AERODYNAMIC DESIGN FOR EV

电动汽车比燃油汽车更需要空气动力学设计

电动汽车的最大弱点是一次充满电的行驶里程较短，虽然可通过装备更多的动力电池来增加续驶里程，但同时也增加了车身重量，反而会增加单位里程的能量消耗，因此通过优化电动汽车的空气动力学设计来增加续驶里程，就备受重视。现在许多纯电动汽车都具有较低的风阻系数，如奔驰 EQS 车身造型采用"单弓设计"（one bow-design），风阻系数只有 0.20，成为量产车中风阻系数最低的车型。特斯拉 Model S Plaid 的风阻系数为 0.208，智己汽车 L7 的风阻系数为 0.21，都要比同级别燃油汽车低许多。

奔驰 EQS 电动汽车的车身造型采用"单弓设计"，风阻系数只有 0.20

电动汽车比燃油汽车更有条件优化空气动力学设计

燃油汽车的发动机需要强大的冷却系统，必须从车头的进气格栅或车身上的进气孔吸入大量的空气，将散热器上的热气吹散。在大量空气进入车头的同时，也极大地增加了空气阻力。而电动汽车采用动力电池和电机作为动力系统，虽然也需要对电池和电机进行一定的冷却，但并不需要像燃油汽车那样强大的冷却系统，因此，电动汽车往往没有设计大型进气格栅，只在车头下方有个较小面积的进气孔，或设计一个"假格栅"作为装饰，或设计一个智能可控的进气格栅，需要进气时就打开格栅导入空气，不需要时就关上格栅，以减小空气阻力。

纯电动汽车往往不再设计大型进气格栅

扫码观看电动
汽车前脸设计
视频

后扰流板可减少尾部紊流产生

导流边缘设计的后视镜可减小空气阻力

空气动力学设计的车轮减小空气阻力

开关可控的冷却空气进气口

前轮导流器引导气流流过车轮外侧

"气帘"设计可引导气流通过前车轮

"气帘"设计可引导气流顺畅通过前车轮

"气帘"设计减小空气阻力

智能进气格栅关闭时，车头气流主要从车身上部流过

智能进气格栅打开时，车头气流进入机舱参与冷却

智能可控式进气格栅

扫码观看主动进气格栅设计视频

第4章　工程设计与总布置
ENGINEERING DESIGN AND LAYOUT

4.1　工程设计
ENGINEERING DESIGN

造型设计"冻结"后，就要进入工程设计阶段。汽车工程设计主要包括：

1）**总布置设计**：确定各部件结构，计算各部件特征参数及质量要求。

2）**车身造型数据**：在油泥模型完成后，使用三维测量仪器对油泥模型进行测量，测量生成的数据称为点云，工程师根据点云使用曲线软件构建汽车外形。

3）**白车身结构设计**：白车身是指车身结构件及覆盖件的焊接总成，包括前盖、后盖、侧围、车门等未经过涂装的车身本体。这些部件使用三维数模软件来构建，并进行材料选择、装配工艺分析等。

4）**动力系统设计**：选择合适的动力系统进行匹配，比如燃油发动机、纯电驱动、油电混合动力等。

5）**底盘设计**：底盘主要包括传动系统、悬架系统、转向系统、制动系统等。根据计算数据构建三维数模，并完成设计和详细装配图。

6）**电气系统设计**：主要负责全车所有电气设计，包括刮水器、空调、各种仪表、音响系统、整车开关、前后灯光及车内照明系统等，以及 ABS、EBD、ESP、ACC 等驾驶辅助系统，还包括智能座舱、智能网联系统等。

7）**车身内饰设计**：内饰件主要包括仪表板、方向盘、座椅、安全带、安全气囊、地毯、侧壁内饰件、遮阳板、扶手、车内后视镜等。

8）**车身附件设计**：车身附件主要包括前后保险杠、玻璃、车门防撞装饰条、进气格栅、行李架、天窗、车外后视镜、车门机构及密封条等。

电动汽车构造图

4.2　总布置设计与团队协作
LAYOUT DESIGN

　　汽车设计是个非常复杂的工作，车身外观、车身内饰、动力总成、底盘架构、车身附件等设计工序其实差不多是同步进行的，但要想把这些设计工作和谐有效地整合在一起，最终设计出符合设计目标的车型，必须有一个团队负责掌控和协调各个设计任务，保证各个设计任务之间有效融合、不冲突。这就是总布置设计师的工作内容。

　　在汽车设计开发项目确立之初，总布置工作就开始了，并在此后的汽车开发整体流程中，总布置的工作将持续始终。汽车总布置设计通过对整车设计的总体规划来确立车身、底盘、动力总成等系统之间的位置和连接关系，以保证最终设计的汽车能够满足最初的设计任务要求。

四轮驱动电动汽车构造

电动汽车构造图

4.3 总布置计算
LAYOUT COMPUTE

总布置设计师要对汽车的主要性能、整车轴荷分配和重心高度等数据进行初步计算和调整。具体计算内容主要包括：

1）**轴荷分配和重心位置的计算**：其中包括水平静止和行驶状态时的轴荷分配。

2）**稳定性计算**：其中包括保证汽车转向不侧向翻倒的计算等。

3）**机动性计算**：主要包括最小转弯半径、爬坡度等计算。

4）**动力性计算**：包括最高车速、最大加速度等计算。

5）**比功率和比转矩计算**：它们分别是指汽车的最大功率、最大转矩与汽车总质量之比。

6）**制动性能计算**：包括制动距离和制动时间的计算。

7）**能量消耗计算**：包括百公里能量消耗、最大续驶里程、经济车速的计算。

8）**充电时间计算**：包括快充和慢充时的充满电时间的计算。

动力电池

四轮驱动电动汽车构造图

4.4　总布置尺寸设计

LAYOUT DIMENSION

　　总布置尺寸在这里不仅指车辆及各部件的外形尺寸，还包括各个部件之间的位置数据等。具体尺寸信息包括：

　　1）外形尺寸，如车身长度、宽度、高度、轴距、轮距、离地间隙、接近角、离去角等。

　　2）乘员舱内部空间数据、行李舱容积。

　　3）各个部件的安装位置及其准确的外形数据。

　　4）各个部件之间的连接方式和安装方式。

　　5）操作和运转机构的运动范围，如车轮、悬架、转向、制动等，排除任何干涉的可能。

纯电动SUV构造图

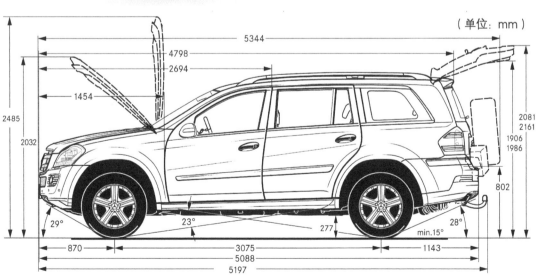

车辆总布置尺寸图

第5章　车身结构设计
BODY STRUCTURE DESIGN

5.1　车身结构类型设计
BODY STRUCTURE DESIGN

　　根据结构不同，可以把车身分为承载式车身和非承载式车身两大类。

　　承载式车身没有刚性车架，汽车的动力系统、悬架系统、传动系统部件都装配在车身上，车身负载通过悬架装置传递给车轮。承载式车身就是整个车身为一体，没有所谓的大梁，悬架直接连在车身上。现在，普通轿车普遍采用承载式车身。

　　承载式车身的优点是：公路行驶非常平稳，整个车身为一体，固有频率振动低，噪声小；重量轻，节省能耗。缺点是：底盘强度远不如有大梁结构的非承载式车身；当四个车轮受力不均匀时，车身易发生变形。

　　非承载式车身有一刚性车架，又称底盘大梁，汽车的动力系统、传动系统、车身等总成部件都固定在车架上，车架通过悬架系统与车轮连接。也就是说，非承载式车身就是有大梁的车身结构，发动机、传动系统、悬架，甚至车身都固定在车架上。如果你弯下腰看看车底，就会发现有贯穿前后的两个纵梁。

　　非承载式车身的优点是：底盘强度较高，抗颠簸性能好；即使四个车轮受力极不均匀，也是由车架承担，而不会传递到车身上去，因此车身不易扭曲变形。缺点是：车身比较笨重，能耗较高。非承载式车身多用在货车、客车和越野车上，但也有少部分高级轿车使用，这是因为非承载式车身具有较好的平稳性和安全性。

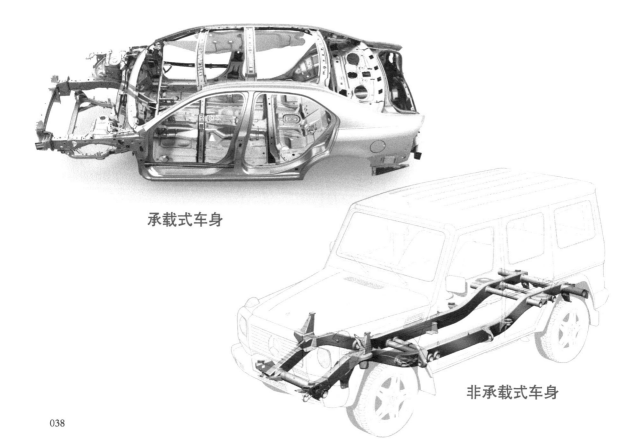

承载式车身

非承载式车身

5.2　构建 A 级曲面与数模

CLASS A SURFACE AND MODELING

　　油泥模型完成后，用三维测量仪器对油泥模型进行测量，测量后生成的数据称为点云（Point Cloud），每一个点包含三维坐标，工程师根据点云使用曲线软件就可以在计算机上构建汽车外形曲面。通常的做法是根据油泥模型建立 A 级数学表面。

　　在汽车设计应用中，A 级表面被创建在所有可见的外部表面（如车身面板、保险杠、进气格栅、轮拱、车灯罩等）和所有内部部件的可见表面（如仪表板、中控台、座椅、地板等）。

　　汽车外形数据确立后，就可根据安全性设计的需要，如车前部及后部的吸能结构、车侧面的防撞结构、车顶纵梁和横梁等，使用三维数模软件构建车身部件数模，并进行材料选择、工艺性分析、焊接设计、装配设计等。

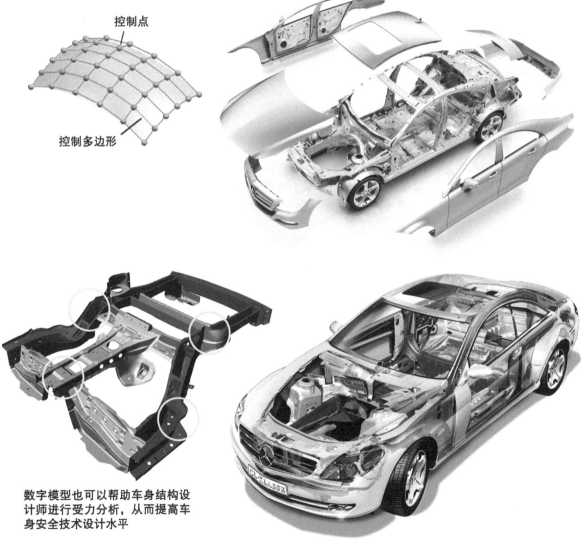

控制点

控制多边形

数字模型也可以帮助车身结构设计师进行受力分析，从而提高车身安全技术设计水平

数字模型可以让设计师们清楚明白车身每个部位的结构，从而帮助设计师进行制造工艺设计，尤其是对焊接工艺和装配工艺的分析和设计帮助最大

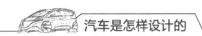

5.3 车身吸能设计
ENERGY ABSORBING STRUCTURE

　　轿车的乘员舱骨架就像是一个"鸟笼",保护车内驾乘人员不受伤害。在发生撞击时只要乘员舱不发生变形,车内人员的生命安全就可能得到保护。为了阻止乘员舱在碰撞中变形,保护车内驾乘人员的安全,可以将乘员舱之外的纵梁进行"吸能"设计,将纵梁设计成"褶皱",当发生前方或后方撞击时,纵梁产生一定的"溃缩",从而吸收一部分碰撞能量,避免或减小传递到乘员舱的撞击力,保护车内人员生命安全。

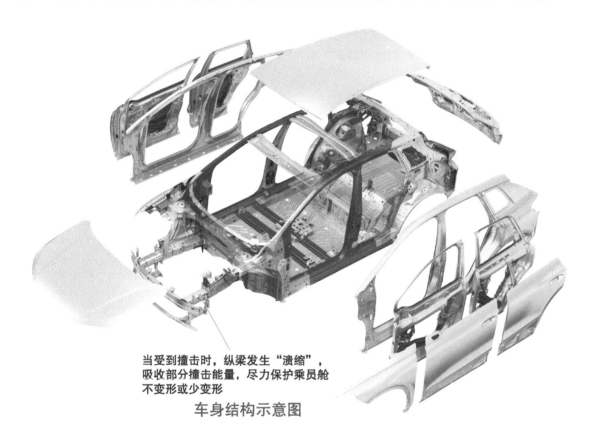

当受到撞击时,纵梁发生"溃缩",
吸收部分撞击能量,尽力保护乘员舱
不变形或少变形

车身结构示意图

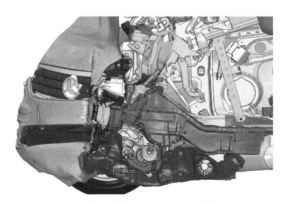

随着计算机技术的进步,在计算机上也
可以模拟汽车碰撞时的情况,从而可以
节省汽车研发成本、提高设计效率

5.4　车身撞击力分散设计

DISTRIBUTED IMPACT FORCE

当车辆受到前方、后方或侧方的撞击时，为了避免乘员舱结构变形，应尽量分散车身受到的撞击冲击力，使传递到乘员舱结构的冲击力越小越好。为此，需要按结构力学原理，将前方和后方的撞击力在"吸能"后，还要沿所设计的路线分散到多个高强度结构上，使最终抵达乘员舱"鸟笼"结构的力量非常小，从而确保乘员舱结构不变形。

汽车车身吸能设计和撞击力分散设计都少不了复杂的力学计算，最终设计师们要在安全与成本之间找到平衡。

扫码观看车身
安全设计视频

车身撞击力分散示意图

5.5 车门防撞设计
ANTI–COLLISION DOOR

车身侧面是车身安全的薄弱区域，当汽车受到侧面撞击时，车门很容易受到冲击而变形，从而直接伤害到车内驾乘人员。

当汽车受到正面撞击时，驾乘人员前方有发动机舱空间作为缓冲；受到后面撞击时，有行李舱空间作为缓冲；而汽车侧面受到撞击时，几乎没什么缓冲空间，驾乘人员的胸部直接就会受到外力的侵害，因此，车身侧面的防护就成了车身安全防护的重点。除了前面介绍的分散撞击力的设计外，车门防撞梁就成了侧面最重要的防线，是驾乘人员的"贴身保镖"。

从车门防撞梁设计上大致可以看出整个车身安全防护设计的水平。这个地方是比较容易偷工减料的地方，如果对车门防撞都不重视，那么对其他地方的安全防护也不会太重视。

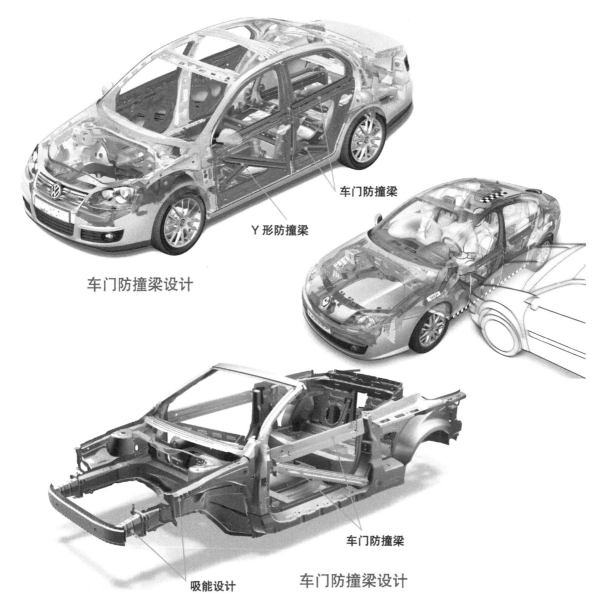

车门防撞梁

Y 形防撞梁

车门防撞梁设计

车门防撞梁

吸能设计　　　　车门防撞梁设计

5.6 转向柱防撞安全设计

SAFETY DESIGN OF STEERING COLUMN

所有的安全防护装置都是为了保护车内驾乘人员不受伤害。在车辆受到正前方碰撞时，由于受到前方部件后移的挤压，方向盘可能也会随之后移而挤压驾驶员的胸部，从而伤害驾驶员。为了防止这种情况发生，可将转向柱设计成可折断式，当汽车受到前方碰撞时，转向柱在中间某个位置"折断"，避免方向盘向后挤压驾驶员。

溃缩式转向柱示意图

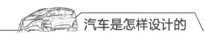
5.7 动力电池防撞击设计

ANTI–IMPACT DESIGN OF BATTERY

一般纯电动汽车的动力电池都从以下三方面做好防护，以某纯电动汽车为例来说明：

金属框架分散撞击力：整个电池包从内到外都有着严密的包裹，每个电池模组之间都用金属框架进行分隔，这个金属框架还能起到必要的碰撞缓冲作用，可以分散传导撞击力。电池的最下面是3.5mm厚的底板，给电池以严密的保护。

安全车身结构防护：汽车受到最危险的碰撞是来自侧面的撞击，因为前后都有缓冲，而侧面是没有缓冲的，所以在设计车身时都会对侧面进行特别的防护，都会采用超高强度的钢材来作为侧面车身的骨架。动力电池首先被固定在一个坚固的金属框架内，而这个框架又与车身侧面底部钢梁整合在一起。这个侧面底部钢梁采用的是和车身最坚固的 A 柱一样的热成型超高强度钢材，整体扭转刚度比普通钢材要强数倍。也就是说，动力电池被固定在整个车身中最坚固、最安全的位置。

碰撞时断电保护：一旦发生严重碰撞，当安全气囊弹出时，气囊的控制单元会发信号给动力电池的控制单元，控制单元将根据情况做出决策，是立即触发动力电池的继电器断开供电，避免可能的漏电风险，还是为了保证车门能继续打开而暂缓断电。

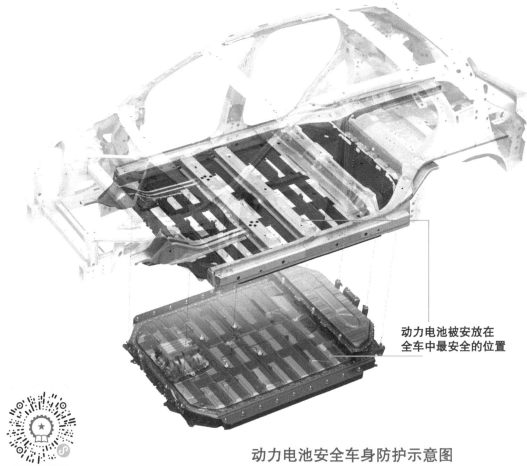

动力电池被安放在全车中最安全的位置

扫码观看动力电池防撞击设计视频

动力电池安全车身防护示意图

5.8　车身轻量化设计
LIGHTWEIGHT BODY DESIGN

　　汽车重量不能太大，否则就会影响到汽车的经济性、操控性、动力性和安全性。随着现在汽车车身变得越来越大，众多汽车制造厂商都在想方设法减轻汽车的重量，也就是进行车身轻量化设计。实现车身轻量化设计的主要途径包括：

　　1）对强度要求不高的车身部位，可采用重量较轻的薄钢板。

　　2）对强度要求较高的车身部位，可采用重量较轻的高强度钢板。

　　3）对车身上一些不影响安全性的部位，如发动机舱盖、翼子板等，可采用重量较轻的铝材甚至复合材料。

　　4）通过优化车身钢板内部构造，如仿鸟骨构造设计，在不降低强度的前提下减轻重量。

　　与钢质车身相比，铝质车身要比钢质车身轻 30%~40%，而车身重量又占整车重量的 40%~50%，因此如果能在车身上大量采用铝材，则可以对车身轻量化起到非常明显的效果。然而在铝材加工成车身的过程中，存在工艺复杂、精度较差等问题，因此现在的铝材主要应用在车身上对安全和强度要求不太高的部位上。只有极少数车型才将铝材作为制作车身的主要材料。

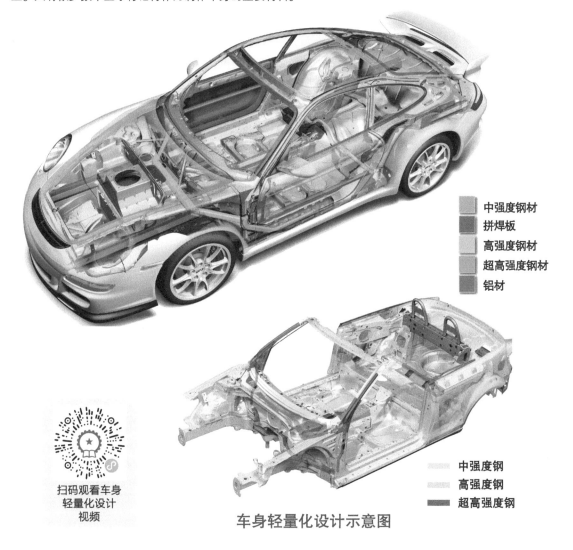

中强度钢材
拼焊板
高强度钢材
超高强度钢材
铝材

扫码观看车身
轻量化设计
视频

中强度钢
高强度钢
超高强度钢

车身轻量化设计示意图

第6章 动力系统设计
POWERTRAIN DESIGN

6.1 动力系统选择
POWERTRAIN SELECTION

现在汽车的动力系统主要有五种类型供选择：

纯燃油动力系统

一个车型可以配两三种排量的汽油发动机，变速器也可能配备手动和自动两种。

油电混合动力系统

包括插电式和普通混合动力系统，现在插电式混合动力系统更流行。由于它拥有油、电两套动力系统，因此汽车混合动力是目前结构最复杂的车型。

增程式电动系统

它虽有燃油、电能两种能量补充方式，配有燃油发动机、发电机和电动机，但它只使用电机驱动汽车，燃油发动机只用来驱动发电机，不直接驱动车轮。

纯电驱动系统

它只将电能作为唯一能量补充方式，结构最为简单。纯电动汽车是目前发展前景更被看好的新能源车型。

氢燃料电池动力系统

它利用车载氢气和燃料电池进行发电，所发电用来驱动汽车前进。氢燃料电池汽车被认为是终极理想新能源车型。

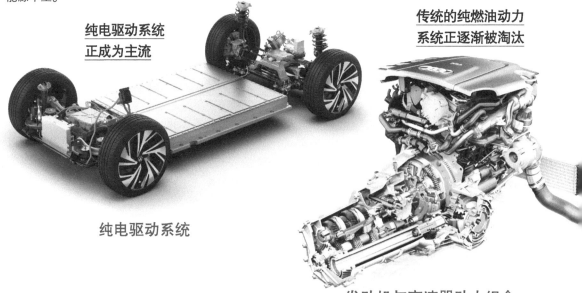

纯电驱动系统正成为主流

传统的纯燃油动力系统正逐渐被淘汰

纯电驱动系统

发动机与变速器动力组合

6.2　动力系统类型
POWERTRAIN TYPE

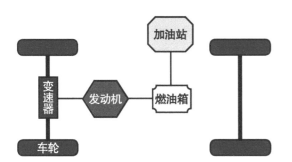

纯燃油动力系统

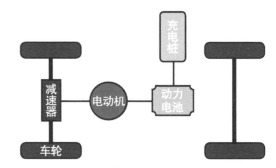

纯电驱动系统

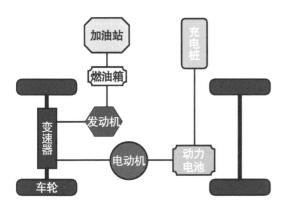

插电式混合动力系统（并联式）

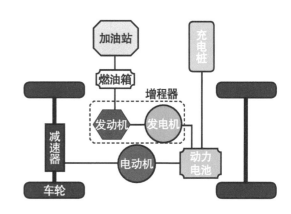

增程式电动汽车动力系统

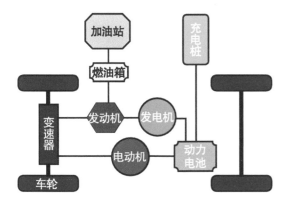

插电式混合动力系统（混联式）

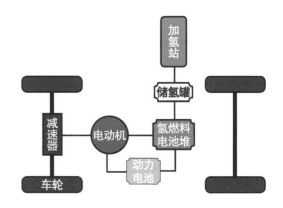

氢燃料电池动力系统

6.3 发动机类型与排量
ENGINE TYPE AND DISPLACEMENT

发动机是动力系统中最主要的部分，它的排量、重量和体积，对汽车空间设计和动力传递方式都影响巨大。但不同的发动机都由差不多相同的部件构成，如气缸体、气缸盖、活塞、气门、凸轮轴、连杆、曲轴、油底壳、起动机等。选择什么样的发动机，要根据车型定位要求而定。比如，对牵引力和承载能力要求较高的车型，要选择低转速、大转矩的汽油发动机或柴油发动机；对最高车速和加速能力要求较高的车型，要选择高转速、大功率和大转矩的汽油发动机；对豪华舒适性要求较高的车型，则要选择发动机噪声低、加速平顺性好的发动机；而对节油性要求较高的家用经济型汽车，则可能要选择排量较小的发动机。

散热器一般都会放在汽车最前端迎风的位置，它的体积大小取决于发动机功率、整车重量等，越是大型汽车或动力强劲的汽车，越需要体积更大的散热器。

变速器的体积相对发动机来说要小很多，但它一般都是和发动机连成一体，在它与发动机之间装有离合器（手动变速器）或液力变矩器（自动变速器），以连接或切断动力传递。

燃油箱的大小取决于车辆的大小和用途，但在设计燃油箱时首先要考虑的因素是它在碰撞时的安全性。

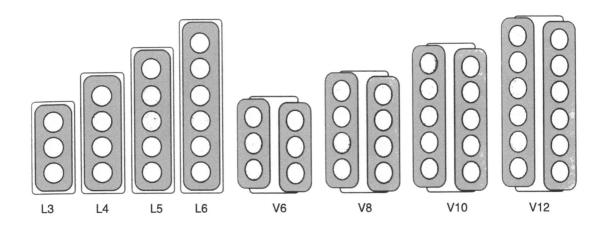

直列4缸发动机气缸排列

V型6缸发动机气缸排列

扫码观看V6、
V8、W12发动
机视频

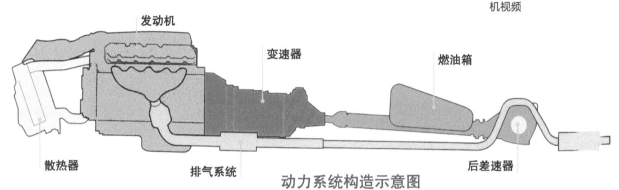

发动机

变速器

燃油箱

散热器

排气系统

后差速器

动力系统构造示意图

水平对置4缸发动机气缸排列

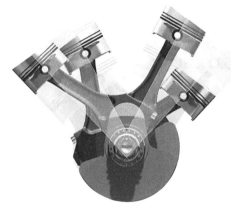

W型发动机气缸夹角

水平对置6缸发动机气缸排列

W型12缸发动机气缸排列

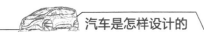

6.4 动力电池类型与容量
POWER BATTERY TYPE AND CAPACITY

动力电池类型选择

现在电动汽车上应用的动力电池普遍采用锂离子电池，其中磷酸铁锂离子电池、三元锂离子电池两种电池最多。

磷酸铁锂离子电池具有安全性能高、使用寿命长、高温性能好、重量较轻等优点，其缺点是能量密度相对较低、制造成本高、一致性差等。三元锂离子电池具有能量高、寿命长、额定电压高、自放电率低、重量轻、高温性能好等优点，其缺点是安全性相对稍差、无大电流放电、制造成本高等。

氢燃料电池在大客车和重型货车上的应用逐渐增多，其优点是能量转换效率高、续驶里程较长、低温适应性好，其缺点是使用成本较高。

动力电池结构设计，CTP 电池和 CTC 电池

以锂离子电池为例，现在电池制造商往往只制造单体电池（cell），也称电芯，然后由整车制造商将采购来的单体电池按数个、十多个或数十个一组的形式先组合成一个组合，即电池模组（module），最后将多个模组再组合成一个或数个电池包（pack）并装备到整车上。

然而，电池模组的结构件要占用一定的空间，而且多个电池模组不可能正好严丝合缝地占满预留空间，这样便会造成空间浪费，从而降低电池包的体积能量密度，因此，现在有更多的电池结构设计师去掉电池模组环节，直接用电芯组合完整的电池包，即从电芯到电池包（cell-to-pack），简称 CTP 电池。CTP 电池节省了电池模组组装工序，减少了电池模组的结构件，可以将更多的电芯装入电池包内，从而提高电池包的体积能量密度。

更有甚者，直接将电芯整合进车身结构件内，即从电芯到底盘（cell-to-chassis），简称 CTC 电池。在新款 Model Y 中，特斯拉将圆柱形电芯用结构黏合剂粘在一起，夹在两块金属板之间，并与车辆的前后铸造金属结构连接。

动力电池容量设计

动力电池的容量主要由续驶里程、电池成本、充电时间、性能要求等决定。电池容量的单位是千瓦·时（kW·h）。动力电池容量越大，续驶里程越长，为了保证拥有较长的续驶里程，动力电池的容量尽量设计得较大。然而，电池容量增加后，电池成本也会相应增加，以致占到整车采购成本的40%~60%。

动力电池容量增加后，一次充满电的时间也会相应增加，这将给用户带来不便。动力电池容量增加后还会导致汽车总重量相应提高，从而影响汽车的加速性能及操控灵活性。现在电动汽车的总重量往往比同级别的燃油汽车高出数百千克。动力电池容量增加后，意味着单体电池数量也要增多，这给电池的安全防护、电池管理系统带来挑战。设计者应根据目标客户的需求，综合考量和平衡多个影响因素后，才能选择一个较合适的电池容量。

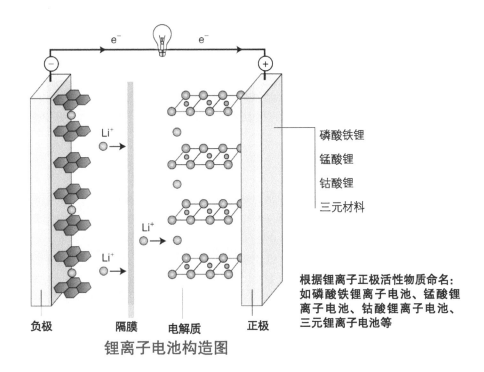

负极　　　　隔膜　　　　电解质　　　　正极

根据锂离子正极活性物质命名：
如磷酸铁锂离子电池、锰酸锂
离子电池、钴酸锂离子电池、
三元锂离子电池等

磷酸铁锂
锰酸锂
钴酸锂
三元材料

锂离子电池构造图

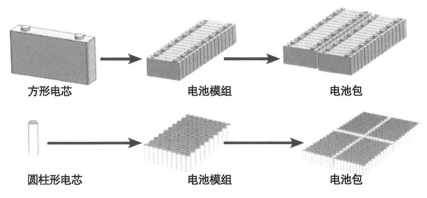

方形电芯　　　　电池模组　　　　电池包

圆柱形电芯　　　　电池模组　　　　电池包

电芯、电池模组和电池包组装示意图

动力电池名称含义

　　根据正极活性物质命名：如磷酸铁锂离子电池、锰酸锂离子电池、钴酸锂离子电池、三元锂离子电池等。

　　根据正极和负极材料命名：如镍氢电池，正极活性物质主要为镍，负极活性物质为金属氢化物，因此称为镍氢电池。

　　根据极板和电解质材料命名：如铅酸电池，是将铅作为极板，硫酸液作为电解质。

　　根据电解质形态命名：如液态电池、固态电池。

　　根据电芯外观形状命名：如圆柱形电池、方形电池和软包电池。

　　根据电芯外形尺寸命名：如18650电池，即直径18mm、长度65mm的圆柱形电池；4680电池，即直径46mm、高80mm的圆柱形电池。

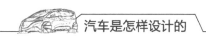

6.5 动力电池安全设计
POWER BATTERY SAFETY DESIGN

在以液态电池为主的今天，动力电池的安全问题是电动汽车的最大短板之一，也是导致很多人不敢购买使用电动汽车的主要原因。动力电池的安全防护主要包括机械安全、热安全、功能安全、材料安全、电气安全和故障处理等。

机械安全设计

动力电池在设计时应考虑挤压、跌落、振动、冲击、翻转、碰撞等工况下防护结构对产品的防护，保证电池在滥用或发生交通事故时，电池遭受外部的异常撞击时，如两车碰撞、车辆底部受硬物撞击等，电池发生一定的变形、刺穿、高处跌落时等，电池应不出现爆炸、起火等安全事故。

电池的机械可靠性设计要满足整车设计寿命，应充分考虑运输、搬运和安装的耐久性和可靠性。

单体电池在使用过程中厚度会发生膨胀，电池模组设计应根据单体电池性能，合理预留膨胀的空间，合理设计汇流排结构。

热安全设计

电池包在热失控发生前，就能采取紧急应对措施（如报警、限制功率、切断高压回路等），同时提醒乘员采取避险措施；热失控发生后，可以在一定时间内确保电池包不发生导致人身伤害的事件（起火、爆炸等）。

当 BMS 确认发生电池热失控时，应把热失控信号传递给整车，整车应通过指示装置（仪表或其他装置）提供一个明显的热失控报警信号及警示声，提醒驾驶员和乘客疏散；同时，BMS 请求下高压，整车根据当时工况进入紧急下电流程。

热安全设计应考虑隔热防火措施，延缓电池模块中一只单体电池发生热失控时，引燃周围单体电池的时间。电池系统内分区域对电池模组进行隔离，以降低热失控传递的速度，为乘员争取更长的逃生时间。

故障处理设计

故障处理设计应能有效及时判断单体电池或系统的故障，包括但不限于电池过电压、欠电压、过温、过电流、绝缘能力降低等，并能以可靠的通信方式通知整车，以采取相应的措施。

当发生故障的条件下，如非绝对必要，电池系统应先通知驾驶员采取必要措施，如通知驾驶员减速靠边停车等，再进行断电保护处理。

电池包应具有热失控防护措施，保证热失控发生后，可以在一定时间内确保电池包不发生导致人身伤害的事件（起火、爆炸等）。

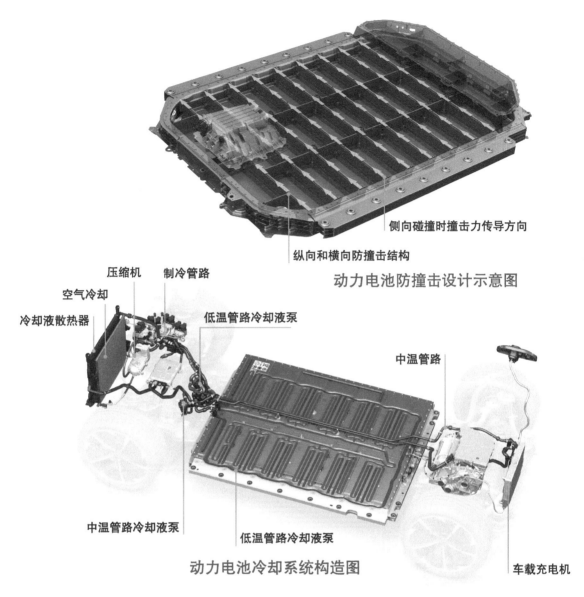

侧向碰撞时撞击力传导方向

纵向和横向防撞击结构

动力电池防撞击设计示意图

压缩机　制冷管路

空气冷却

冷却液散热器

低温管路冷却液泵

中温管路

中温管路冷却液泵　　低温管路冷却液泵

车载充电机

动力电池冷却系统构造图

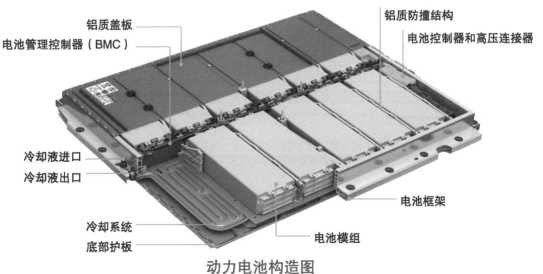

铝质盖板

电池管理控制器（BMC）

铝质防撞结构

电池控制器和高压连接器

冷却液进口

冷却液出口

电池框架

冷却系统

底部护板

电池模组

动力电池构造图

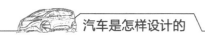

6.6 电动汽车热管理设计
THERMAL MANAGEMENT DESIGN

电动汽车的热管理要比燃油汽车复杂得多。首先，电动汽车必须装备制热系统（如热泵空调、PTC 加热器），而燃油汽车利用发动机余热即可满足需求；其次，电动汽车要对动力电池、控制器和电机冷却，而燃油汽车只要对发动机冷却即可。因此，电动汽车必须配备一套复杂的集成式热管理系统，保证动力电池工作在合理温度区间，实现对电机、控制器及乘员舱的温度控制等。

集成式热管理系统就是把热泵空调（制冷＋制热）、PTC 加热器、冷却系统（动力电池冷却、控制器冷却、电机冷却）整合一起，冷热搭配，同时也把电机电控热管理、乘员舱热管理、动力电池热管理串联在一起，可将电机电控的冷却余热通过热交换器，为动力电池加热；或者将动力电池的冷却余热作为乘员舱取暖的热源。这就好比是将集中供暖与中央空调进行整合，充分满足电动汽车各个部件和空间对温度控制的要求。

动力电池一般采用冷却液循环的方式进行冷却，在电芯或电池模组周围布置冷却液管路，由冷却液泵驱动冷却液循环流动，在流过电池冷却器（Chiller）后，冷却液温度降低后再循环流回动力电池周围，从而保证动力电池工作在合理的工作温度区间，使动力电池的放电性能处于最佳状态。

动力电池冷却器主要由热交换器、带电磁阀的膨胀阀、管路接口和支架组成。其中热交换器负责将动力电池冷却液循环管路与空调制冷剂循环管路进行热交换，将动力电池冷却液中的热量转移到空调制冷剂中，从而使动力电池的工作温度降低。

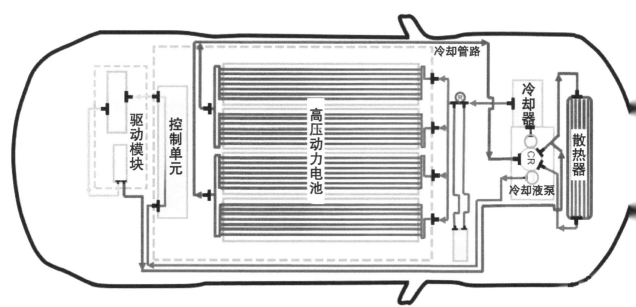

此冷却系统采用两条冷却路线，其一是由冷却器对高压动力电池进行冷却，其二是由冷却液泵和散热器对驱动模块和控制单元进行冷却

纯电动汽车动力电池冷却系统示意图

扫码观看动力
电池热管理
视频

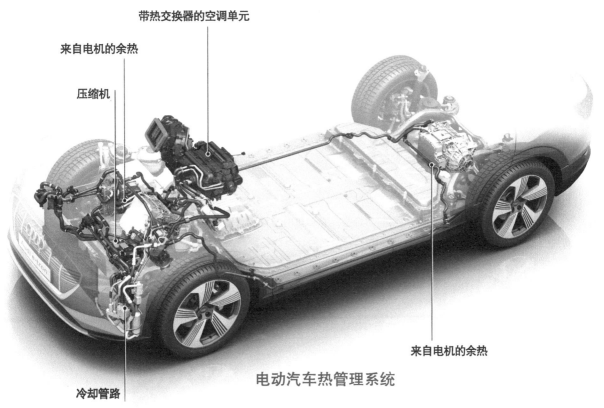

带热交换器的空调单元

来自电机的余热

压缩机

来自电机的余热

冷却管路

电动汽车热管理系统

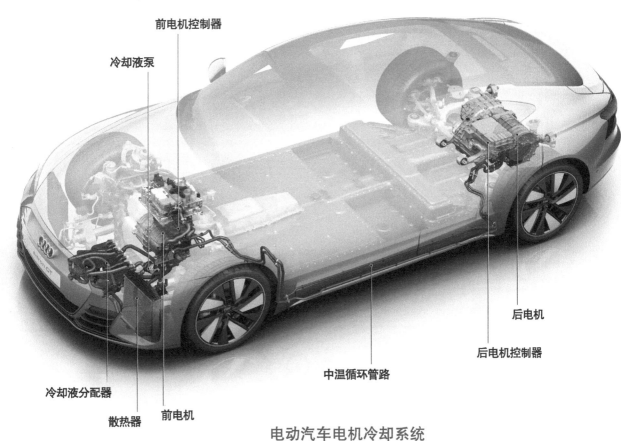

前电机控制器

冷却液泵

后电机

后电机控制器

中温循环管路

冷却液分配器

散热器　前电机

电动汽车电机冷却系统

第7章 底盘设计
CHASSIS DESIGN

7.1 燃油汽车驱动形式
DRIVEN FORM

由于燃油发动机和变速器的重量相对较重，发动机的位置和驱动形式的设计，对汽车前后重量分配比、动力性能发挥、操控性能、车内空间安排、车身造型比例等都会产生重大的影响。目前燃油汽车主要采用下面 6 种驱动形式。

前置发动机、前轮驱动（FF）：发动机、变速器、传动机构都整合在车头部位，这样可以从容安排乘员舱空间和行李舱空间。这种形式适合普通轿车采用。

前置发动机、后轮驱动（FR）：拥有较佳的起步和加速性能，前后重量较为平衡，行驶稳定性较好。这种形式适合高级轿车、超级豪华轿车采用。

前置发动机、四轮驱动（4WD）：汽车行驶性能比较理想，通过性能较好，但它会增加重量、制造成本和油耗。这种形式适合 SUV、高性能轿车采用。

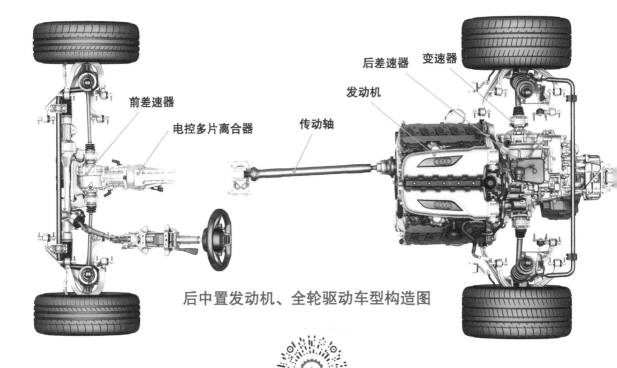

后中置发动机、全轮驱动车型构造图

扫码观看后
中置发动机、
全轮驱动视频

中置发动机、后轮驱动（MR）：包括前中置后驱（发动机放在前轴后）、后中置后驱（发动机放在后轴前）两种形式，比较适合高性能跑车采用。

后置发动机、后轮驱动（RR）：发动机放在后轴后，由后轮驱动。只有极个别跑车，如保时捷喜欢采用 RR 驱动形式。另外，也有极个别超微型轿车采用这种驱动形式，如 Smart。

后中置发动机、全轮驱动（AWD）：发动机放在后轴前，用传动轴将动力再传向前轮。奥迪 R8、兰博基尼等超级跑车比较喜欢采用这种驱动形式。

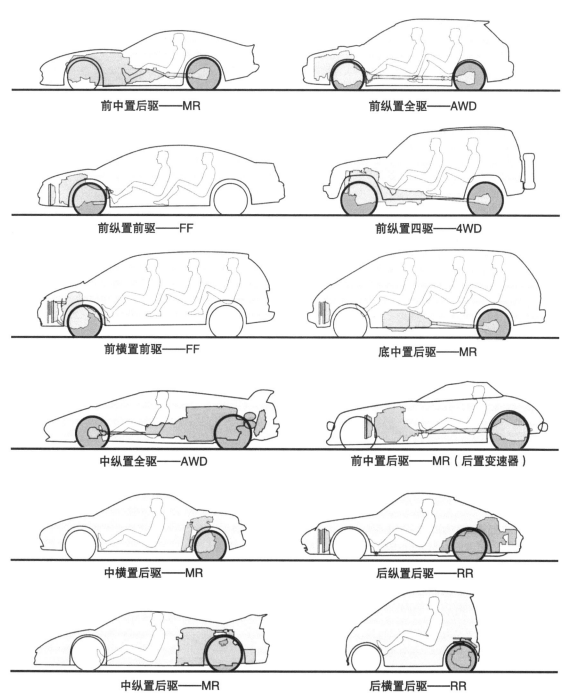

燃油汽车驱动形式示意图

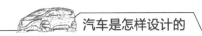

7.2 前轮驱动与后轮驱动
FRONT WHEEL DRIVE & REAR WHEEL DRIVE

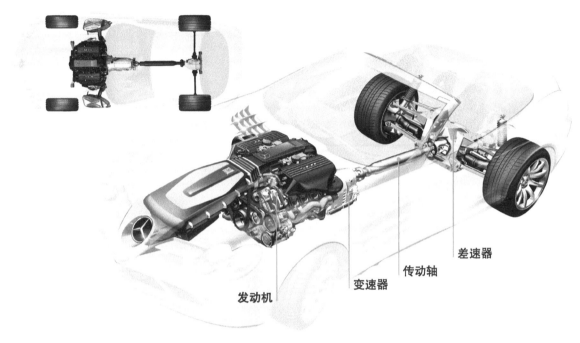

差速器

传动轴

变速器

发动机

前中置发动机、后轮驱动形式

前轮驱动（Front Wheel Drive，简称FWD）相当于发动机在前面"拉"着汽车前进，而后轮驱动（Rear Wheel Drive，简称RWD）相当于从后面推着汽车前进。"拉"和"推"的不同方式造成驱动力对汽车的作用点不同，从而使汽车在行驶中具有不同的行驶特性。

前轮驱动优势与劣势
FWD汽车的直线行驶性较好，这也是前轮驱动汽车的最大优点。你可以用超市里的购物车做个试验。如果用一只手推购物车，车的方向会不稳定，它不一定会沿你推的方向前进；反之，如果用一只手拉购物车，它会很顺从地按照所拉方向前进。

当汽车起步和加速时，汽车的重心后移，使前轮的附着力减少，因此FWD汽车在急加速时就很容易造成前轮打滑，使汽车不能很快地起步和加速。

汽车制动时车身重心前移，加上FWD汽车的前部重量较大，就很容易使汽车在制动时点头，从而降低舒适性。在过弯时，FWD汽车的前轮既承担驱动力，又承担转向力，如果在弯道中加速或减速，也就是改变驱动力的大小，就会影响转向力的发挥，从而会使汽车的转向特性发生变化。如果FWD汽车在弯道中急加速，就可能使驱动力突破前轮的附着力，从而使转向力为零，此时汽车便不再转向，而是直直地往弯道外侧冲去，也就是发生转向不足现象，俗称"推头"。

后轮驱动优势与劣势
当车辆加速时，其重心向后移，一部分重量由前轮移向后轮，即前轮卸载、后轮加载，使驱动力增强。

有时同样一个人在平路上拉（相当于前轮驱动）不动一辆车，却可以推（相当于后轮驱动）得动同一辆车，就是这个道理。

　　RWD 汽车的前轮负责转向，后轮负责驱动，可保证车辆拥有充分的转向力。一个轮胎的总有效牵引力是有限的，如果车辆是在有效牵引力接近限值的情况下进行加速（如在雨天、雪地、冰面上行驶），那么就没有多少剩余的牵引力用于转向了。对此，你可以了解一下，当人们把前轮驱动车驾驶到有冰面的上坡路上转弯时，即可看到拐弯非常艰难。这是因为转向、驱动都需要有附着力，二者之和不能超过轮胎的总附着力，而轮胎在冰面上的附着力本来就小。RWD 汽车的转向、驱动分别在前、后轮，因此多数情况下驱动轮不容易打滑，在安全上具有优越性。

　　由于 RWD 汽车具有较灵活的转向特性，并且更容易实现前后 50:50 的配重比，因此 RWD 汽车的驾驶乐趣更强，这也是许多跑车都愿意采用 RWD 的主要原因之一。

　　RWD 对驾驶技术要求更高。当 RWD 汽车转向时，后轮的驱动力会给正在转向的前轮一个"推力"，使前轮的转向力加大，因此 RWD 汽车的转向异常灵活。这对于拥有较高驾驶技术的人来讲当然是好事，可以让汽车快速通过弯道，但对于驾驶技术一般的人来讲，可能就是个麻烦，如果在弯道中突然加速就可能导致车辆尾部向弯道外侧甩，甚至突然掉头、原地打转等，尤其是在湿滑路面上更容易发生这种现象。因此，在我国东北地区的冬季，许多人不敢驾驶后轮驱动的车辆。

四轮驱动可以前拉后推

　　两轮驱动汽车在特殊路面上行驶时受限制较大，有时很危险。为了提高汽车的通过性和安全性，四轮驱动汽车便应运而生。四轮驱动汽车最大的特点是将原本集中在两个车轮上的驱动力分摊给四个车轮，即使有部分车轮打滑，汽车仍有车轮存在驱动力，这样可以帮忙汽车摆脱困境。

　　另外，四轮驱动系统在城市 SUV 和轿车上的应用也越来越广泛，它的最大作用是提高汽车的主动安全性，保证汽车在湿滑路面上拥有更佳的行驶稳定性。尤其是在弯道上行驶时，由于前轮需要一定的转向力，而地面的附着系数又较低，如果此时前轮上的驱动力较大，转向力和驱动力的合力就会突破轮胎的附着力，从而使车辆失控；而如果是四轮驱动，那么前轮只承担部分驱动力，前轮上的驱动力与转向力的合力不容易突破地面附着力，可以保证车辆安全平稳过弯。

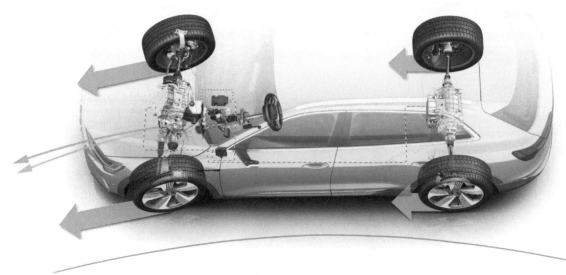

双电机四轮驱动电动汽车

7.3 纯电动汽车驱动形式
ELECTRIC DRIVEN FORM

动力电池在纯电动汽车的总重量中占比非常大，一般都布置在车身底部，可以降低汽车的重心，增强行驶稳定性。驱动电机、减速机构、电机控制器等在车身总重量中占比较小，而且电动汽车也不需要传动轴传递动力，因此它们可以灵活分散布置。驱动电机可以与驱动轴非常贴近，动力传递效率非常高，因此电机的位置或者说电动汽车的驱动形式，可以主要根据车型定位和性能诉求来设计。纯电动汽车主要有四种驱动方式：

前轮驱动：动力电池布置在车身底部，驱动电机和控制器布置在前轴附近，一台电机驱动前轮。前轮驱动车型的方向准确性较好，适合小型纯电动汽车。

后轮驱动：动力电池布置在车身底部，驱动电机和控制器布置在后轴附近，一台电机驱动后轮。后轮驱动车型的前后重量分配均衡，行驶稳定好，起步、加速性能更好，适合中高级纯电动汽车和电动大客车等。

双电机四轮驱动：动力电池布置在车身底部，在前轴和后轴上各配一台驱动电机和控制器，前后电机根据行驶情况协调配合，实现全时或适时四轮驱动。

三电机四轮驱动：一些高性能车型，用一台电机驱动前轴，用两台电机分别驱动两个后轮，省却了后差速器，全车三台驱动电机密切配合，共同驱动汽车实现超高性能。

驱动电机和控制器

动力电池

前轮驱动电动汽车

驱动电机和控制器

动力电池

后轮驱动电动汽车

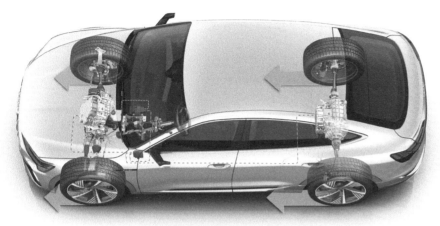

扫码观看四轮
驱动电动汽车
视频

双电机四轮驱动电动汽车

右后驱动电机和控制器

前驱动电机和控制器

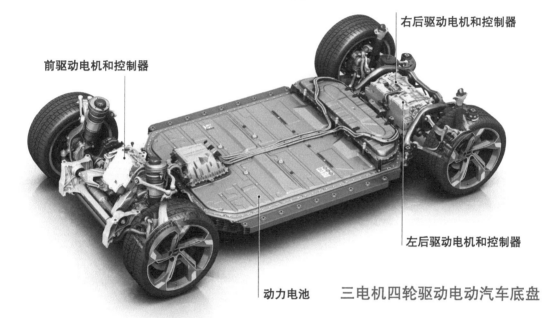

左后驱动电机和控制器

动力电池　三电机四轮驱动电动汽车底盘

扫码观看三电
机四轮驱动电
动汽车视频

后轮采用双电机驱动，不需要后差速器，
可将驱动力向摩擦系数最高的车轮上分配

三电机四轮驱动电动汽车

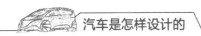
7.4 电动汽车底盘设计特点
ELECTRIC VEHICLE CHASSIS DESIGN

电动汽车底盘越来越趋于平台化设计

现在各大汽车制造商都有自己的纯电动汽车平台，如奔驰汽车的 EVA 平台、大众汽车的 MEB 平台、通用汽车的 BEV3 平台、丰田汽车的 e-TNGA 平台、吉利汽车的 SEA 平台等。在同一平台上可以更方便地设计出不同级别的电动车型。

底盘趋于模块化、整体化设计，车内空间增大

电动汽车设计模块化趋势明显，可以减少一部分零部件，进而减少底盘所占空间，从而释放出更大空间。

动力电池固定在底盘下部，行驶稳定性增强

布置在车底的动力电池在整车重量中占比较大，从而使整车重心较低，增加了整车的操作性和行驶稳定性。

轴距设计自由度更高

电动汽车没有传动轴，即使四轮驱动也不需要传动轴，因此它的轴距设计可不受机械结构限制，可以根据车型定位设计更灵活的轴距，比如为了提高舒适性，可设计更长的轴距。

对悬架支撑设计要求更高，但悬架设计自由度也更高

由于电动汽车的整车重量相对较高，因此要求其悬架系统能承受更大的振动和负载。同时，由于电动汽车没有了发动机、变速器等大型总成，部件数量减少，底盘与车身之间有较大空间，因此更适用双叉臂式悬架、多连杆式悬架、主动式空气悬架等高性能悬架系统。

采用电动真空泵提供制动助力

传统燃油汽车由发动机提供真空助力，而电动汽车并不能把电机作为真空源，如今较广泛的解决方案是采用电动真空泵作为真空源，为真空制动助力器提供真空。

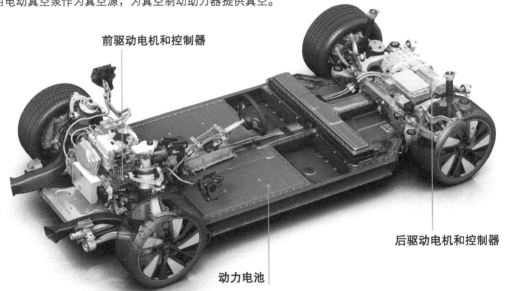

四轮驱动电动汽车底盘

（图注：前驱动电机和控制器、后驱动电机和控制器、动力电池）

电动汽车底盘构造图

扫码观看电动
汽车车桥视频

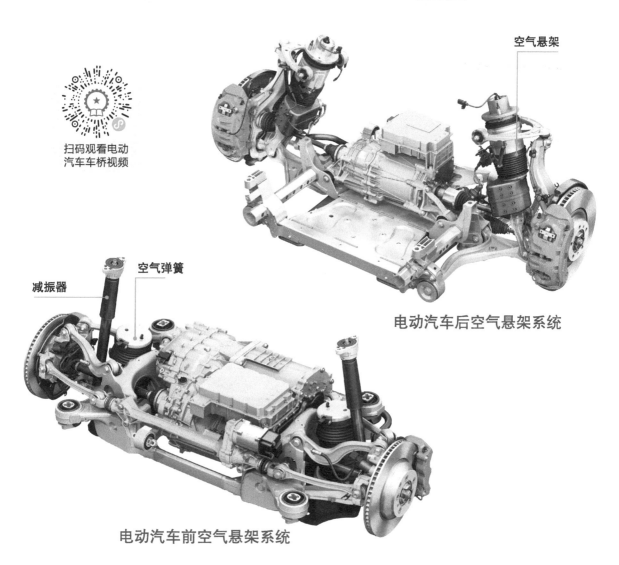

空气悬架

电动汽车后空气悬架系统

减振器　　空气弹簧

电动汽车前空气悬架系统

7.5 悬架设计与妥协

SUSPENSION DESIGN AND COMPROMISE

悬架系统设计的两大诉求：一是保证驾乘人员的乘坐舒适性；二是保证汽车拥有较佳的操控性。但这两方面往往是矛盾的，想让这两方面都达到最好状态，是非常难办的事，因此，无论选择哪种悬架，都是根据车型定位在这两种性能之间做出的妥协方案。

悬架系统设计主要考虑五大因素：承载量、操控性、舒适性、制造成本和空间限制。

悬架系统结构：现在的悬架系统有许多种，结构各有不同，但每种悬架都由三大部件组成：弹簧、减振器、连杆。弹簧的作用是支撑车辆重量并吸收路面振动；减振器的作用则是限制弹簧的伸缩，不让它无限制地振动；连杆的作用则是控制车轮不要超出它的几何空间。

不同的车型要选用不同形式的悬架。比如，以载重为主的货车等，往往要采用非独立悬架，左右车轮以刚性轴连接，以保证底盘的刚性，能够承担重物；而强调运动性的跑车等，则要选用左右车轮能独立运动的多连杆式独立悬架，谁也不影响谁，车辆在快速过弯时能让每个轮胎都紧贴路面，让轮胎与地面的接触面积尽可能大，保证车辆的动力性和操控性。

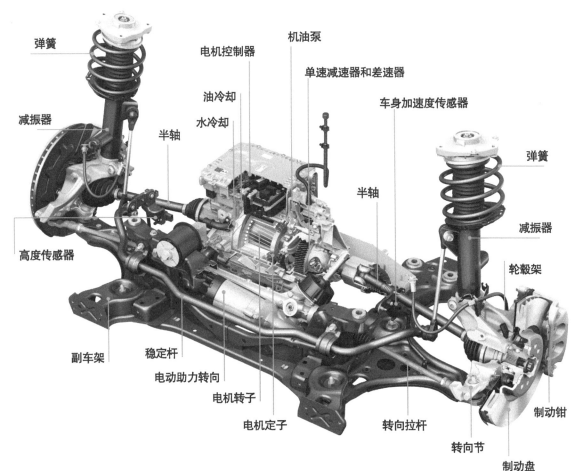

电动汽车麦弗逊式前悬架结构

独立悬架的两侧车轮间没有硬连接，当一个轮子跳动时，另一个轮子不会跟着跳动。因此，两侧车轮可以各自保持相互独立，都可以尽量与地面保持垂直状态，使轮胎与地面的接触面积较大，保证轮胎的抓地力和行驶稳定性

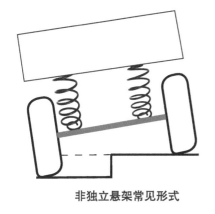

非独立悬架常见形式

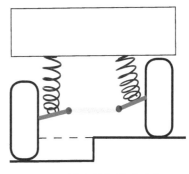

独立悬架常见形式

独立与非独立悬架区别示意图

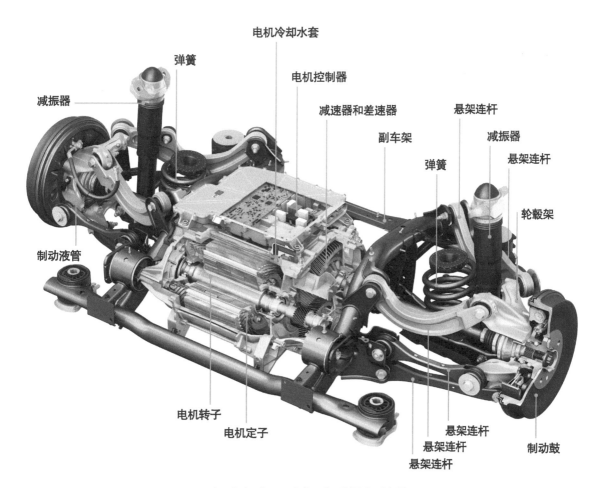

电动汽车五连杆式后悬架结构

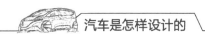
7.6 转向系统设计

STEERING SYSTEM DESIGN

转向系统是汽车上最重要的安全系统之一，它的性能不仅影响汽车的操控性，更影响汽车行驶的稳定性，如果转向系统失灵，将会导致严重的灾难。

转向系统要根据车型定位选择和设计，比如，越野车可能要在坎坷路面上行驶，前轮颠簸非常厉害，为了防止方向盘的振动伤及驾驶员，往往都会选择路感比较柔和模糊的循环球式转向机构；而普通轿车和运动型汽车，则要选择转向力传递直接、路感反馈比较清晰的齿轮齿条式转向机构。

轿车上的转向器一般都是齿轮齿条式，而且为了减轻驾驶员的驾驶疲劳度，都会采用转向助力系统。传统轿车上采用液压式转向助力系统的比较多，但现在电动式的转向助力系统更为流行，因为电动转向助力系统不仅更省油，而且还可以实现更多的扩展功能，如自动泊车、车道保持等。一些车型上还采用四轮转向系统，后轮可根据车速选择与前轮同向或反向转向。

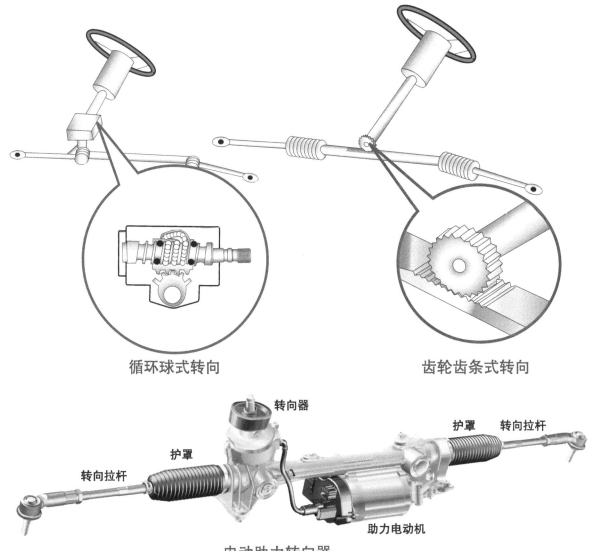

循环球式转向　　　　　　齿轮齿条式转向

电动助力转向器

7.7　制动系统设计
BRAKE SYSTEM DESIGN

　　制动系统分制动器和制动助力系统两大部分。制动器主要有鼓式制动器和盘式制动器两大类。制动助力系统主要有液压制动和气压制动两大类，其中气压制动主要应用在大货车和大客车上，普通轿车上最常采用的是液压制动系统。

　　制动系统的设计主要受车型性能要求和制造成本限制。相对而言，盘式制动比鼓式制动性能更好，而且制动盘的直径越大，其制动性能越好，通风式或划道式制动盘因散热快而性能更好，因此，速度较快的跑车，或重量较大的豪华轿车等，大多采用大直径的通风式制动盘作为制动器。但是，制动性能越好的制动系统，其制造成本也越高，因此，在一些经济型小轿车上，其后轮制动系统往往采用鼓式制动器。这类小型车的速度不是非常快，重量也不大，采用鼓式制动器就可满足性能要求，而且制造成本较低。

　　普通轿车的驻车制动器（俗称手刹）一般都是鼓式制动器，并且都整合在后轮制动系统内。

　　随着电子技术的进步，现在制动系统上附加了越来越多的辅助功能，如防抱死制动系统（ABS）、紧急制动辅助系统（BA）、加速防滑系统（ASR）、车身稳定系统（ESP）等。这些电子辅助系统可以帮助驾驶员更准确地控制车辆的行驶姿态，提高车辆安全性能。

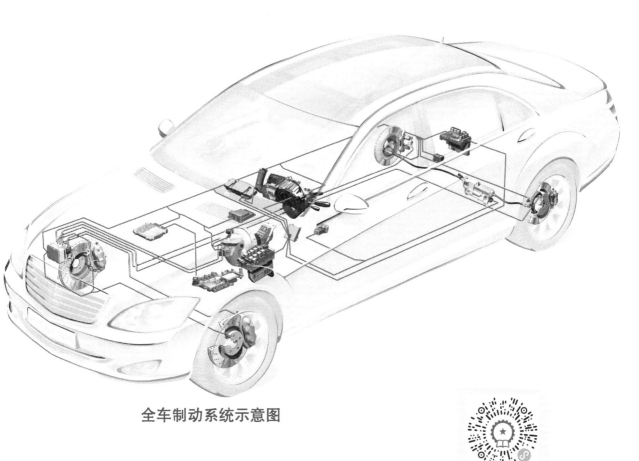

全车制动系统示意图

扫码观看制动
系统视频

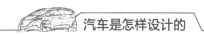

7.8　车轮设计与轮胎选择
WHEEL DESIGN AND TIRE SELECTION

　　车轮和轮胎规格的选择，必须尽早确定，因为它的外圈直径和宽度直接影响到车身比例和内部空间。

　　设计师们都希望选用大直径、低扁平比的车轮和轮胎，这样整车看起来会更加漂亮和动感，但这往往很难实现。

　　如果车轮直径过大，就可能造成车身比例失调、车身离地间隙过高、操控性能变差、制造成本增加；如果轮胎过扁（低扁平比），就可能使汽车的舒适性降低、承载量减小；如果轮胎宽度较大，虽然能提高加速性能、制动性能和操控性能，但也会增加燃油消耗和制造成本。因此，车轮和轮胎的选择一定要考虑车型定位和性能要求两大因素。比如，轻型货车和大型 SUV，最好选择高扁平比的轮胎（轮胎侧壁较高），以保证车辆的承载量；而运动型车辆如跑车等，最好选择宽而扁的轮胎，以增加路感和操控性能。

　　每个车轮必须占有一个可以自由上下跳动的车轮室，因此车轮室的空间大小与车轮外圈直径和悬架行程都有关。由于每个前轮还需要转向，因此前车轮室的宽度还要足够宽，以便车轮能在其中随意左右摆动、转向。

大客车、货车、大型 SUV 通常采用高侧壁轮胎，因为这些车辆的自重和载重较大，高侧壁轮胎能承载较重负荷。当其在崎岖地形上行驶时，高胎壁可以保护轮辋免受岩石损坏。高侧壁轮胎虽对汽车的操控性有影响，但能提高乘坐舒适性

跑车等高性能汽车以牺牲舒适性为代价来提高过弯能力，因此常采用低侧壁轮胎，以减少胎壁在弯道中的偏转，并允许采用更大直径的制动盘，提高制动性能。同时，低扁平轮胎看起来也更酷、更有动感。它的一个突出缺点是车轮边缘容易受损

第8章 内饰和座舱设计
INTERIOR&COCKPIT DESIGN

8.1 内外设计风格统一
UNIFORM INTERIOR&EXTERIOR STYLE

轿车内部设计可分为七大部分：内饰板、控制功能键和仪表盘、仪表板和中控台、音响和导航、座椅和安全带、加热通风和空调、底板铺设。

上述部件的设计和制造由零部件供应商实施，但这些部件的设计从开始就与整车设计同步进行，最后由零部件供应商将制造好的部件送到整车装配线上进行装车。

内饰设计要根据车身外形的设计而定，只有当车身外形确定后，内饰设计师们才能发挥自己的想象力，打造符合整车要求的内饰部件，而且内饰部件的造型、色彩要与车身外形协调统一。一些车辆还会对内饰提出特别要求，如要求座椅可旋转或折叠等。

车身造型内外风格要统一，这样才会自然和谐。内饰色彩设计也要与外观造型风格统一，要符合车型定位要求和特点。比如，运动型汽车的内饰往往采用纯黑色或深红色，突出质感和动感，彰显个性和力量；而商务汽车的内饰则要庄重、大气、简约；家庭用车的内饰设计要实用，其色彩往往采用温馨的暖色调。

方向盘：一般设计成角度和高度可调节　　仪表盘：用来显示车速、油耗/耗电量、行驶里程等　　中控大屏：集成众多操作功能，一般设计成触屏　　空调出风口

座椅调节　　扬声器　　驾驶员侧安全气囊　　驾驶员膝部护板　　前排乘员膝部护板

8.2 智能座舱技术
INTELLIGENT COCKPIT

智能座舱技术是建立在人工智能和车联网基础上的智能化人机交互技术，而智能座舱是指可以与人、路、车本身进行智能交互的座舱。智能座舱技术构成主要包括人机交互系统、环境控制系统、影音娱乐系统、信息通信系统、导航定位系统等。智能控制系统主要包括语音识别、人脸识别、触摸识别、生物识别等。

智能座舱智能控制系统

座舱操作系统： 车载操作系统是管理和控制车载硬件与车载软件资源的系统软件。就像 Windows、安卓及 iOS 系统一样，车载操作系统即用户操作驾驭汽车的接口，同时也是让车载硬件与控制软件、相关数据及第三方应用连接的平台。

远程升级（OTA）： 通过网络自动下载升级包并安装，实现对车辆功能和性能的升级。

驾驶员监测系统（DMS）： 检测驾驶员是否出现疲劳及其他异常驾驶状态的辅助设备。

语音操作助手： 利用人工智能技术，识别驾驶员的语音后，按指令完成操作。

手势操作助手： 利用人工智能技术，识别驾驶员的手势动作后，完成指定操作。

智能座舱主要硬件配置

流媒体后视镜： 通过车辆后置的一枚摄像头，实时拍摄车辆后方的画面，能够将无损、无延迟的画面在车内后视镜显示屏上呈现出来。

电子车外后视镜： 取消物理车外后视镜，用摄像头获取车辆两侧后方的环境信息。

抬头显示（HUD）： 可以把重要的信息映射在风窗玻璃上，使驾驶员不必低头就可以看清重要汽车信息，包括导航信息、车速等。

8.3　智能座舱多模态交互设计
MULTIMODAL INTERACTION DESIGN

汽车智能座舱的基本模态主要包括视觉、听觉、触觉、嗅觉。它们主要体现在以下方面：

1）视觉体现：仪表盘、中控台、抬头显示（HUD）、后视镜、氛围灯等。

2）听觉体现：语音交互、音响控制、警示音提醒等。

3）触觉体现：各按键、方向盘、挡位控制、座椅调节、安全带调节等。

4）手势控制：音响控制、车窗和天窗控制等。

5）嗅觉应用：氛围营造、疲劳提神等。

在实际应用设计中，现在往往都是利用多模态交互设计，更清晰、完整、及时、准确地响应智能座舱的控制功能，比如，一个警告信息，可通过"视觉预警＋听觉提醒＋振动触觉警告"的系列功能体现来完整实现，显然要比单模态警告拥有更快、更靠谱的响应；当驾驶员打转向灯准备并道时，如果并道方向侧后方有来车，车外后视镜上会有警告灯闪亮、方向盘会抖动，以此提醒驾驶员危险；另外，通过方向盘的物理按键可以唤醒语音控制，同时语音虚拟形象的状态变化显示在中控屏上。

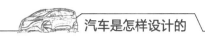

8.4 H点和空间布局

HIP POINT AND OCCUPANT

　　毫无疑问，当你评价一款车时，它的内部空间非常重要，毕竟汽车是买来驾驶和乘坐的，如果在车内感觉压抑或不舒服，那么，这款车就是失败的。一些车辆看起来不大，但内部空间设计得非常合理，也会让人感觉比较宽敞，就是所谓的车小"膛"大。这都要归功于优秀的车内空间设计。

　　在车身内部空间设计中，驾乘人员的位置确定最为重要。因此，设计师用H点来定位座椅在车中的位置。H点是指人体躯干与大腿的连接点，即 Hip Point，相当于人体的胯关节，因此也称为"胯点"或"臀点"。在确定车内布局时，设计师常以此点为基点，然后再布局设计其他位置。当前后H点确定后，那么车内空间布局基本就确定了。

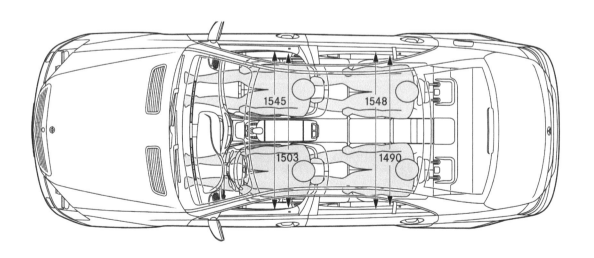

车内空间尺寸示意图

车内设计关键尺寸

前排乘员头部高度：从前排乘员 H 点到车内顶部的距离。

后排乘员头部高度：从后排乘员 H 点到车内顶部的距离。

前排肩部空间：前排内部从左到右的净距离。

后排肩部空间：后排内部从左到右的净距离。

前仰角：前排乘员前方视野仰角。

前俯角：前排乘员前方视野俯角。

前后排间距离：前排乘员 H 点与后排乘员 H 点之间水平距离。

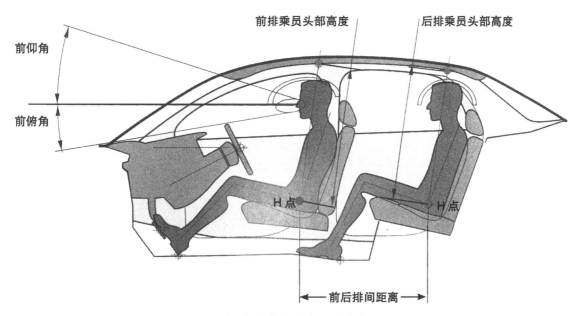

车内空间设计示意图

（单位：mm）

肩部空间设计示意图

8.5 人机工程学与手伸界限

ERGONOMICS

方向盘、变速杆、驻车制动器、转向信号灯、刮水器、灯光等控制钮或控制杆，必须设置在驾驶员很方便就能够得着的地方。仪表显示不能被方向盘遮挡，无论怎样调节坐姿和方向盘的高低，都得让驾驶员看得清仪表上显示的全部内容。

人机工程学设计是指怎样让机械装置更好地适应人体各种要求的设计，比如怎样让各种控制杆或控制钮更方便地控制调节，并且不易出现误操作；怎样让各种仪表或标示符号显示得更清楚；怎样让驾驶员能轻松驾驶、让乘客舒舒服服地乘坐等。

人机工程学设计也可以简单理解为人性化设计，其宗旨就是让人们使用汽车的各种功能时非常方便、顺手、不疲劳、不费力、不出错。

人坐在座椅上并且身体躯干不动，把手臂伸直后人手能及的活动范围就称为手伸界限。汽车的主要操作功能，如变速、转向、喇叭、灯光等，尽量都要设置在手伸界限内。

如果允许身体躯干运动，此时人手能及的范围会扩大，此范围称为最大手伸界限。在最大手伸界限内可以设置一些不太重要的功能操作，如空调、音响等。但这类功能不能太多，否则会增加驾驶员的操作疲劳，甚至影响行车安全。

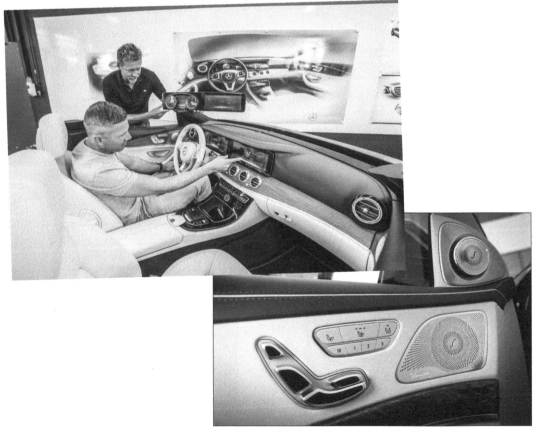

据说，奔驰已对在门内板上设置座椅调节钮的方式
申请了专利保护，难怪只有奔驰汽车才这样设计呢

8.6　座椅和安全带设计
SEATS AND SEAT BELTS DESIGN

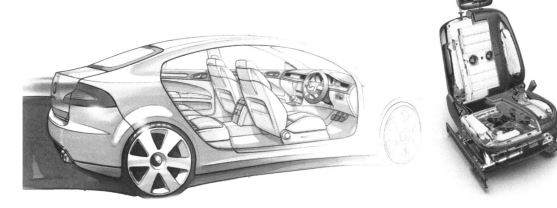

　　座椅是车厢内最大的物件了，它要根据车型的豪华性来设计，这些豪华性主要表现在座椅蒙面材料、调节方式（手动、电动、记忆）等，一些车型甚至要求座椅可以旋转或折叠、放倒、放平等。

　　大多数汽车座椅是由布料或皮革覆盖泡沫坐垫制成，由弹簧钢框架支撑，安装在可调节轨道上，轨道固定在地板上。当乘员坐在座椅上后，坐垫泡沫往往会被压缩 50mm 左右，所以头枕都设计成高度可调节式的，以便适应不同身高的驾乘人员。

　　前座安全带通常固定在 B 柱上，没有 B 柱的车辆安全带直接连接到车身上部和下部结构或座椅结构上。

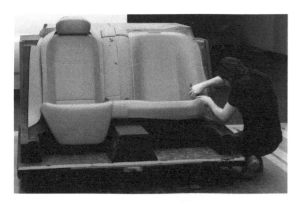

座椅不仅要宽敞、舒适、硬度适当、角度可调，还要求灵活多变，以适应不同的需求

8.7 内饰设计与选材

INTERIOR DESIGN AND MATERIAL

　　车身框架大多是由钢材打造的，当汽车受到侧面碰撞或翻滚时，人的头部很容易撞到车身框架上，为了保护车内人员不会受到钢铁硬物的伤害，必须在车身金属框架内侧安装内饰板，以保护乘员的身体不会直接与金属车身碰撞。

　　相对而言，车门内饰的制作较为复杂，它不仅要根据成人的身高制作供手臂休息的扶手，还要在内饰板内侧安装电动车窗和车门开关的控制装置。

　　内饰板设计中首先考虑的是安全，一是选材要环保，不能损害人体健康；二是在汽车事故中内饰材料不能对车内乘员造成伤害。其次考虑的是内饰的质感、档次感、个性、色彩等，这些要与车型定位和整体设计风格相符合。

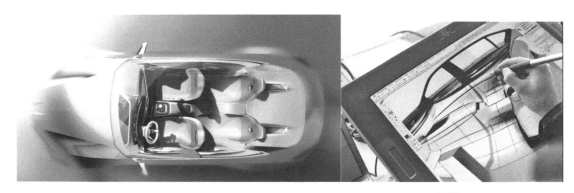

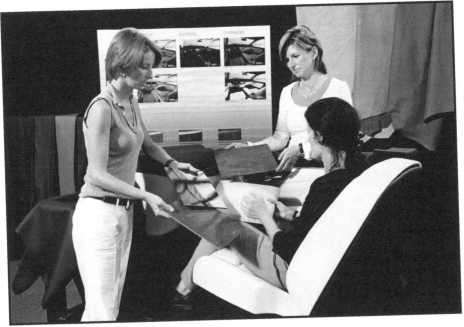

扫码观看内饰
设计和模型
制作视频

内饰设计中最重要的因素与车身设计一样，仍是安全。这里的安全不仅指在碰撞中能不伤害到车中乘员，而且还包括在日常行驶中不会产生环境污染，不会损害车中乘员的健康

8.8　NVH 特性与隔声设计

NVH AND SOUND INSULATION DESIGN

　　NVH 是 Noise（噪声）、Vibration（振动）和 Harshness（声振粗糙度，通俗地称为不舒适性或不平顺性）的缩写。噪声是由振动引起的，通过振动波来传递，因此噪声、振动和声振粗糙度三者在汽车等机械振动中是同时出现且密不可分的，通常把它们放在一起进行研究，并简称为 NVH 特性。简单地讲，驾乘人员在汽车中的一切触觉和听觉感受都属于 NVH 范畴。此外，NVH 还包括汽车零部件由振动引起的强度和寿命等问题。

　　车辆在行驶时的振动源主要有三个：动力系统、传动系统和不平的路面。

　　车辆在行驶时的噪声主要有四个：发动机产生的噪声、空气流过车身时的噪声、轮胎滚动和振动时的噪声，以及车身和底盘结构振动时产生的噪声。

　　目前汽车上使用的隔声材料主要是隔声橡胶及发泡棉（也称隔声棉），它们的特殊结构可以起到吸收声音的作用。

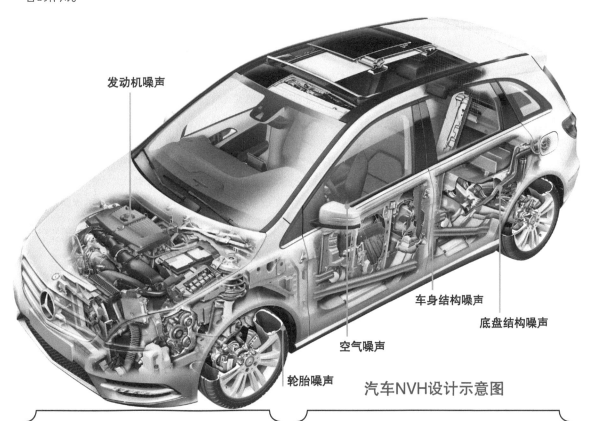

发动机噪声

车身结构噪声

底盘结构噪声

空气噪声

轮胎噪声

汽车NVH设计示意图

空气噪声

　　汽车上的空气噪声主要包括风阻噪声和风笛噪声。风阻噪声是指空气流过车身时与车身之间的摩擦声，而且风阻越大的汽车，其风阻噪声越大；风笛噪声是指空气进入或流出车身钣金缝隙时产生的噪声，车门、车窗等密封性越好的汽车，其风笛噪声越小。

车身和底盘结构噪声

　　汽车行驶在不平路面时，车身会产生一定的扭曲，此时车身钣金件在各种力的作用下就会产生一定的扭曲和振动，从而产生一定的噪声。底盘中的部件在运行时也会因转动、扭动或振动而产生一定的噪声，这些噪声可能会通过底盘而传入车内。

第9章　室内测试
LABORATORY TEST

9.1　模拟道路仿真测试
SIMULATED ROAD TEST

　　随着自动驾驶技术的渗透率逐步提升，对高级驾驶辅助系统（ADAS）/自动驾驶技术进行训练和验证的需求越来越大。然而，即使真实的道路测试，也都是在封闭的测试场或划定的区域内进行的。在这样特定的交通环境中很少有极端交通状况出现，如行人或非机动车突然横穿马路、逆行等。如果完全依靠真实道路环境进行测试和训练ADAS，这几乎是一项不可能完成的任务。因此，大多ADAS研发者都是先模拟道路环境进行仿真测试，然后再进行封闭场地测试、开放道路测试等。据称，一辆仿真测试车辆每天可进行5000km以上的道路仿真测试，这样不仅可以测试到各种极端交通状况，而且可以节省成本和时间。

　　模拟道路仿真测试首先对ADAS的感知系统和决策系统进行测试，然后再对完整的自动驾驶算法进行测试。

模拟道路仿真测试

9.2　空气动力学测试

AERODYNAMICS TEST

样车制作完毕后就要进行一系列测试，其中许多较为重要的测试都是在风洞中进行的。汽车样车在风洞内主要进行空气动力学测试，测试项目包括风阻系数测试、空气流过车身各部位的状况测试、行驶稳定性测试等。

虽然制作油泥模型时已在风洞中进行过风阻系数测试，但那毕竟是模型，它与真正的样车还有一定差距，比如车底部、车轮室等部位，油泥模型与样车对气流的影响就有较大的差别。而且，在测试高速行驶稳定性时，用样车测试出的数据要比油泥模型更真实、可信。

风洞中设有道路模拟机及风速调节装置，可以模拟汽车在各种条件下的行驶状况。

技术人员手持"烟枪"在样车周围，在巨大的风力中即可看到气流流过车身周围的情况

扫码观看车身
空气动力学
测试视频

9.3 风洞
WIND TUNNEL

　　汽车公司在进行汽车开发时，都要先制作 1:5、1:2 或 1:1 的汽车油泥模型，然后在风洞中做试验，测试汽车模型在空气中快速行驶的性能表现，然后不断进行修改和完善。汽车风洞就是用来研究汽车空气动力学的一种大型试验设施，是用来产生人造气流（人造风）的管道。进行风洞试验后，可以根据试验情况对车身各部分进行细节修改，使风阻系数、外观造型等达到设计要求，再用三维坐标测量仪测量车身外形数据，绘制车身图纸，进行车身冲压模具的设计、生产等技术工作。

　　其实风洞不是洞，而是一条大型隧道或管道，这与它的英文名 Wind Tunnel 的原意比较相符。风洞里面有一个巨型鼓风机，能产生强劲气流。气流经过一些导风格栅，减少涡流产生后才进入实验室。风洞的最大作用是用来测量汽车的风阻，风阻的大小用风阻系数 C_d 表示，风阻系数越小，说明它受空气阻力的影响越小。当然，除了用来测量风阻外，风洞还可以用来研究气流绕过车身时所产生的效应，如上升力、下压力，并可以模拟不同的气候环境，如炎热、寒冷、下雨或下雪等情况。这样，工程师们便可以知道汽车在不同环境下的工作情况，特别是散热器散热、制动器散热等问题。汽车风洞有模型风洞、实车风洞和气候风洞等。

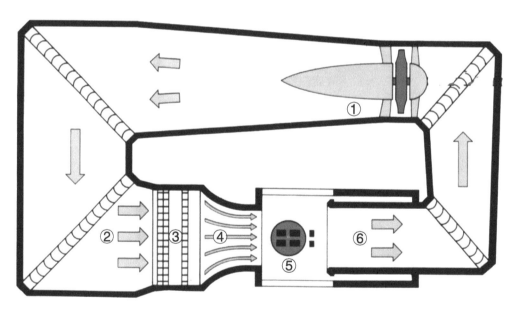

① 鼓风机
② 风洞在此由圆变方
③ 导风格栅让空气分布更均匀、顺畅
④ 气流在此收紧，以增强风速
⑤ 放置被测试物的位置
⑥ 气流又循环流向鼓风机入口

风洞构造示意图

导风格栅

风洞中的"烟流"测试

风洞测试实景图

9.4 气候模拟测试
CLIMATE SIMULATION TESTING

气候模拟测试是指对样车在雨水、风雪、低温、高温、太阳辐射等条件下进行测试，而且这些测试基本是在全天候风洞中进行的。

雨水模拟测试：测试汽车的密封性、刮水器性能、驾驶视线、灯光照明等。

风雪模拟测试：测试汽车的密封性、刮水器性能、驾驶视线、灯光照明、车内温度调节等。

低温模拟测试：测试发动机低温起动性能、各种机械和部件抗严寒性能、车内温度调节等。

高温模拟测试：测试发动机耐高温性能、各种机械和部件耐高温性能、车内温度调节等。

太阳辐射模拟测试：主要测试样车在太阳强烈辐射下的车内温度及空调性能。

污渍模拟测试：测试汽车受到污物侵蚀时的状态。

雨水模拟测试

污渍模拟测试

高温模拟测试

低温模拟测试

9.5 声学测试
ACOUSTICS TEST

声学测试即测试汽车内部及外部的噪声，比如空气流过车身的噪声（风噪）、发动机噪声、底盘和车轮行驶时的噪声（胎噪）、音响效果等。

车内声音固然要安静，但也不能太安静，否则驾驶员就会感觉不到汽车的速度，并因此影响行驶安全。

发动机声音不能太大、不能难听，而是要动听、悦耳，要与车型定位相符，比如豪华轿车的发动机声音不能太吵或嘈杂，而是要轻柔、顺畅、静谧；跑车的发动机声音要浑厚，不能太安静，而且节奏感要强，驾驶跑车的人往往更喜欢听到踩加速踏板时发动机发出的轰鸣声。为此，一些超级跑车制造商还有专业的调音师对跑车声音进行设计。

声学测试

扫码观看声学
测试视频

9.6　碰撞测试
CRASH TEST

　　样车碰撞测试是投产前最重要的测试环节，碰撞结果事关汽车的最终安全性能。一般国际上主流的汽车厂商都有自己的碰撞测试中心，甚至可以对样车进行几十次的碰撞测试，从每一次的碰撞测试中寻找安全弱点，然后一一改进，直至满意为止。

　　样车碰撞测试都会依照权威测试机构的标准进行，比如以一定的速度进行正面100%、正面40%、侧面等形式的碰撞测试。一些车型比如中型和大型客车、敞篷汽车等，还要进行翻滚测试。

　　在欧洲，碰撞测试包括成人保护性能测试、儿童保护性能测试、行人保护性能测试三部分，不仅要测试车内人员的安全保护性能，还要测试对车外行人的保护情况。汽车厂商在研发新车时必须考虑权威测试机构的测试标准和方法，只有自认为满足他们的要求后才敢投产新车型。

正面碰撞测试

侧面碰撞测试

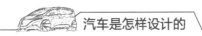

9.7　人机工程学测试

ERGONOMICS TESTS

汽车的人机工程学测试主要包括以下项目：

视角测试：能以合适的角度观看仪表信号、各种显示信息等。

视线测试：坐在驾驶位置观看前方、左右方和后方的路面情况。

坐姿调节测试：驾驶员的身材都不一样，座椅调节要适应绝大多数人的要求，让不同身材的人都能调节到他满意的最佳坐姿。

用力疲劳测试：人体在不同的姿态下，用力的疲劳程度不同，操纵机器所需的力量应该选择在对应姿态下不易引起疲劳的范围内，例如转向助力器就是为了减轻操纵力而设计的。人体在不同姿态下的最大拉力、最大推力也不相同，例如坐姿时人腿的蹬力在过臀部水平线下方 20° 左右较大，这对操纵性也较好，所以制动踏板就安装在这个位置上。

信息获取测试：通过视觉、听觉获取人机交互系统、多媒体系统、行车电脑显示等信息。

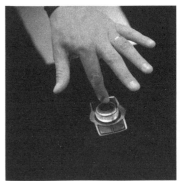

按钮人机工程学测试

信息获取测试

9.8　台架耐久性测试
DURABILITY TEST

　　台架耐久性测试是指在实验室内利用模拟道路行驶条件的试验设备，对样车进行模拟道路的耐久性试验。在试验中，让车身的振动情况接近实际道路行驶时的振动，从而考验样车及样车上的空调、音响、内饰和外饰等附件的耐久性和可靠性。然而由于动力系统、转向系统等没有参与工作，因此台架耐久性测试对悬架系统的可靠性更有意义。

　　车内的一些重要部件，如座椅、车门等也会单独进行台架测试，比如座椅的舒适性、耐久性测试等。

整车台架耐久性测试

座椅舒适性测试

座椅耐久性测试

9.9 动力电池安全性测试
POWER BATTERY SAFETY TEST

动力电池的安全性测试主要包括机械安全性测试（振动、冲击、跌落、针刺等）、环境安全性测试（热冲击、热稳定性、起火等）和电气安全性测试（短路、过充电、过放电等）等。根据国标 GB/T 38031—2020《电动汽车用动力蓄电池安全要求》，动力电池主要进行 11 项安全性测试。

过放电：将电池单体以 1 倍率电流放电 90min，观察 1h。

过充电：以制造商规定且不小于 1 倍率的电流恒流充电至制造商规定的充电终止电压的 1.1 倍或 115%SOC 后，停止充电，观察 1h。

外部短路：将电池单体正极端子和负极端子经外部短路 10min，观察 1h。

加热：对于锂离子电池单体，温度箱按照 5℃/min 的速率由实验室温度升至 130℃±2℃，并保持此温度 30min 后停止加热，观察 1h。

挤压：在动力电池在整车布局中最容易受到挤压的方向上，以不大于 2mm/s 的挤压速度，电压达到 0V 或变形量达到 15% 或挤压力达到 100kN 或电池模块重量的 1000 倍后停止挤压，保持挤压 10min，观察 1h。

动力电池安全性测试

第 10 章 室外测试
ROAD TEST

10.1 高级驾驶辅助系统测试
ADAS TEST

  除了对高级驾驶辅助系统（Advanced Driver Assistance System，简称ADAS）进行模拟道路环境下的仿真测试外，还要进行封闭场地和道路实车测试，通过测试实车面对紧急交通情况所做出的反应，判断ADAS的安全性和可靠性。需要说明的是，除了用硬性技术指标如制动距离、反应速度等判断ADAS的性能外，还需要驾驶员的主观感受评价。试想，如果ADAS总是过早地介入，使汽车动不动就紧急制动，也是让人无法接受的。

  ADAS由众多驾驶辅助系统组成，主要包括自适应巡航控制系统（ACC）、变道警告系统（LCW）、车道偏离预警/纠正（LDW）、自动紧急制动系统（AEB）等。其中，AEB已成为最为重要的驾驶辅助系统，它可以针对自行车、行人突然横穿马路，或行驶中前车突然制动而自动紧急制动或自动紧急避让，从而避免发生碰撞事故。

扫码观看自动
紧急制动测试
视频

ADAS可以针对自行车、行人突然横穿
马路而自动紧急制动或自动紧急避让

扫码观看L3自
动驾驶测试
视频

10.2 专业试车场测试
TRACK TEST

　　样车道路耐久性测试主要分为试车场测试和公共道路测试两部分。试车场测试是在试车场内的特定试验道路上进行各种行驶测试。特定试验道路主要包括高速路、搓板路、比利时路、起伏路、破损路、卵石路、鱼鳞坑路、标准坡道等。测试项目主要包括最高车速测试、加速测试、爬坡测试、滑行测试、能耗测试、制动距离测试、制动效能测试、转弯制动测试、转向轻便性测试、原地转向力测试、"8"字行驶测试、蛇行测试、侧向风敏感性测试、抗侧翻测试、路面不平敏感性测试、汽车稳态回转测试、转向回正性测试、平顺性测试等。

环形高速路测试

扭曲路面测试

卵石路测试

鱼鳞坑路测试

鱼鳞路测试

搓板路测试

涉水测试

砂石路测试　　　　越野车对角线测试

10.3 公共道路长途测试
ROAD TEST

　　一款新车在投产前，一般都要打造数辆或数十辆样车，在公共道路上进行数十万甚至上百万公里的实际道路测试，从实际行驶中发现设计缺陷并进行改进。这些公共道路包括但不限于城市街道、高速公路、国道、乡村道路等。通过汽车在公共道路上的长距离、长时间测试，不断采集车辆数据，发现设计缺陷并进行改善优化。当然，在上路之前要取得合法的测试车辆牌照（我国测试牌照最末字是"试"，并标明限定路线和有效时间）。

　　测试车辆要经过各种环境的道路测试，包括各种极端气候，如极寒、极热、暴雨等天气；要驶过各种恶劣地形，如冰雪道路、沙漠路段、涉水区域、山区公路等；考验汽车应对各种复杂行驶条件的能力，如可靠性、耐久性、适应性、舒适性等。纯电动汽车除此之外，还要考验冷起动能力、极寒天气下的续驶能力等。

伪装车

　　总能看到一些被称为"谍照"的测试车照片，它们要么把车身涂得花花绿绿，要么包裹得面目全非，让你根本认不出这是什么品牌的车。这是制造厂家为了防止竞争对手过早获取他们的新车型信息而不得已采取的防护措施。但这些措施只对外行起作用，真正的车迷还是能从其车身轮廓上分析出这是哪家的新车。

10.4　极端温度试验

EXTREME TEMPERATURE TEST

为了确保汽车的广泛适用性，在室外测试环节还要对样车进行严寒测试和高温测试等。

严寒测试：严寒试验规范一般要求试验气温低于 –20℃，还应包括一定比例的气温低于 –30℃ 的情况。国内汽车厂商一般选择在黑龙江黑河进行严寒测试，那里每年 12 月至第二年 2 月期间，平均气温在 –30℃ ~ –20℃ 之间。欧洲国家的汽车厂商则往往会选择去芬兰进行严寒测试。

严寒测试主要包括冰雪耐久性、抗极端低温性能等测试。严寒测试对电动汽车尤其重要。

高温测试：国内的汽车厂商一般选择在海南试车场进行高温测试，那里每年 5 月下旬到 9 月下旬，气温可达 35℃ 以上，而且暴风雨较多，湿度大，比较适合样车进行高温气候试验。海南试车场是归一汽集团所有，一些汽车厂商觉得在那里进行试车有所不便，因此现在他们一般都是到气温更高的新疆吐鲁番地区进行高温试验。

欧洲国家的汽车厂商则往往会选择到纳米比亚等非洲国家进行高温试验。

扫码观看严寒
测试视频

严寒测试

高温测试

第 11 章　汽车设计演变
EVOLUTION OF CAR DESIGN

11.1　60 款经典设计车型

第一辆四轮汽车　1886

1886 年戴姆勒发明的第一辆汽车的造型可谓是山寨马车，它的车身、底盘和驾乘空间等都和当时的马车一模一样，其实它就是由一辆马车改造的。此车的布局为发动机后置、后轮驱动。

第一辆前置发动机汽车　1891

1891 年，潘哈德·勒瓦索尔汽车公司在早期的汽车设计中取得了巨大进步，他们率先把发动机放置在车辆的前部，并通过离合器和变速器将动力传递到后轮。

第一辆四轮驱动汽车　1903

世爵（Spyker）60hp 创造了三个世界第一：第一辆四轮驱动汽车，它采用前、中、后三个差速器来传递动力；第一辆 6 缸发动机汽车，排量 8.676L，最大功率 60hp（1hp=0.746kW）；第一辆采用四轮制动的汽车。

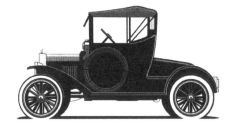

第一款大规模生产的汽车　1912

1912 年，福特汽车公司率先在生产中采用了流水线，从此汽车开始了大规模生产，并导致汽车价格迅速降低，工人工资大幅增加。福特 T 型车每 3min 就能生产一辆。它们都被漆成黑色，因为只有黑色的漆能够在流水线上干得更快。

第一款承载式车身汽车　1922

1922 年，意大利蓝旗亚 Lambda 成为一款具有创新意义的车型，它率先采用承载式车身，不再使用大梁承载发动机、变速器等部件，而是由车身承载汽车上的主要部件。今天生产的绝大多数轿车都采用承载式车身设计。

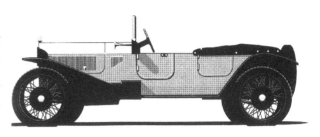

奥斯汀 7 型　1922

奥斯汀 7 型 (Austin Seven) 是英国早期较小型的 4 缸汽车。它不仅在赛车场出尽风头，而且成为普通大众的宠物。由于外形设计美观，尤其是车顶前部着实可爱，有点像帽子，因此又被称为"礼帽车"（Top Hat）。

第一款流线型汽车　1934

1934 年，克莱斯勒公司率先将流线型汽车"气流"（Airflow）投入市场。这种车的外形是严格按照空气动力学的原理设计的，克莱斯勒公司甚至把这辆车像测试飞机一样放在风洞中做试验。

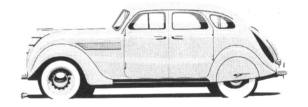

汽车联盟　银箭赛车　1934

汽车联盟（奥迪前身之一）银箭 A 型赛车由费迪南德·保时捷设计。它的前后轴非常接近车身两端，可提高转向的灵敏性。发动机在车身中间，将驾驶座放在离车头仅为全车身 1/3 处，一反当时极盛行的长车头模式。油箱放在驾驶员背后，即车体中部位置。这样，不管燃油消耗多少，车体重心不会发生变化。

菲亚特 500　1936

菲亚特 500 外形活泼可爱，车头造型又有点尖，因此被称为"小老鼠"。该车是欧洲最早流行的微型车。"小老鼠"采用 4 缸 0.569L 排量发动机，前置发动机、后轮驱动。车长 3.215~3.245m，最高车速只有 85km/h，百公里油耗 6L。

大众 甲壳虫 1938

大众甲壳虫(Beetle)是费迪南德·保时捷应大独裁者希特勒的要求设计的"人民汽车"（Volkswagen），1939年曾生产数百辆，在第二次世界大战中停产，1945年开始恢复生产，到1972年就超过了福特T型车1500万辆的生产纪录，后来竟一直生产到2003年，总计生产了2200多万辆。

第一款多用途四驱车 1945

1945年，根据第二次世界大战中战地用车威利斯·奥佛兰而改造生产的民用车吉普威利斯，是第一款多用途4×4汽车。现在豪华越野品牌路虎当初就是靠仿造吉普威利斯车型而起家的。

雪铁龙 2CV 1948

雪铁龙2CV结构简单，价格低廉，顶篷可卷起，因此又称为"四个轮子一把伞"。据说，2CV的减振器性能优良，用车运鸡蛋也不会破碎。2CV与大众甲壳虫、奥斯汀Mini、菲亚特500，并称世界四大经典小车。

雪佛兰 科尔维特 1953

1953年1月，通用汽车展出了首席造型师哈利·厄尔创造的"梦想"汽车，公众对这款设计大胆的跑车反应热烈，通用汽车立即给它开了绿灯。令人惊讶的是，在短短15个月的时间里，它就从黏土模型变成了在马路上疾驰的跑车。

梅赛德斯－奔驰 300SL 1954

300SL拥有鸥翼式车门、凸起的轮拱和平滑弯曲的尾部，是道路上最容易被认出来的车型之一，也是当时速度最快的车型之一：只有少数手工制造的法拉利和玛莎拉蒂能赶上它。"SL"代表"超轻"，因为车身由钢和铝板制成。

捷豹 D-Type 赛车　1954

捷豹 D-Type 赛车与 C-Type 赛车共享许多机
械部件，但基本结构并不相同，而且其空气动力学
特性更加显著。D-Type 曾赢得 1955 年、1956 年和
1957 年勒芒大赛三连冠。

雪铁龙 DS19　1955

今天，我们几乎无法想象 DS19 在发布之初所
带来的影响——其他所有的汽车，无论是欧洲的还
是美国的，都在一夜之间变得过时了。此车充满新
技术，包括油气悬架、助力换挡装置。据说这车也
启发了法国文化评论家罗兰·巴特说："汽车是我们
的教堂。"

宝马 伊赛塔　1955

20 世纪 50 年代初期经济萧条，经济实惠的
小车更受欢迎。于是，宝马就从意大利购得伊赛塔
（Isetta）的知识产权和生产设备等，于 1955 年
正式推出伊赛塔。伊赛塔只有一个车门，而且是前开
式，当打开时会连同方向盘一起向外移动，其结构布局
设计可谓绝妙。宝马总共生产了 161728 辆伊赛塔。

宝马 507　1956

宝马 507 是一款双座双门敞篷跑车，它制造于
1956—1959 年。本来推出 507 的最大目的是出口到
美国市场，并希望年销数千辆。然而其定价过高，
导致滞销，最后只生产了 252 辆，并造成宝马严重
的经济损失。

库伯 T51 赛车　1958

查尔斯和约翰·库伯在 1958 年阿根廷 F1 大赛
上率先使用一款后中置发动机赛车并赢得了胜利。
后中置发动机赛车拥有更佳的平衡性能和较佳的空
气动力学特性。库伯 T51 赢得了 1959 年和 1960 年
的 F1 大赛，从此就再也没有采用前置发动机的 F1
赛车出现了。当库伯 T51 问世时，媒体调侃道："这
辆赛车的发动机装错了地方。"

奥斯汀 Mini 1959

1956 年，阿莱克·伊斯古尼斯（Alec Issigonis）被请求设计一款小型车，以应对英国出现的石油危机，这样迷你（Mini）的传奇故事就开始了。迷你创新地将发动机横置在车前部，现在生产的绝大多数小轿车都采用这种设计布局，在 40 多年的生涯中，它累积生产了 500 多万辆。

凯迪拉克 ELDORADO 1959

这是哈利·厄尔设计的最后一辆车，也是汽车巴洛克风格的极致，车长 6.1m，尾翼长 1.07m，子弹形状的尾灯突出了航空时代的形象。这款车也被车迷称为"大火箭"。

阿斯顿马丁 DB4 1961

这是盎格鲁－撒克逊礼仪和意大利风格的完美融合。车身造型由米兰的 Touring 设计公司操刀。DB4 有一个全新的底盘和一台 240hp 的双顶置凸轮轴发动机，最高车速可达 224km/h。

捷豹 E-Type 1961

它是第二辆被纽约现代艺术博物馆永久收藏的汽车。这是流线型专家马尔科姆·塞耶的酷炫空气动力学理论的艺术呈现。恩佐·法拉利称E-Type为"有史以来最美的汽车"，随即他在法拉利汽车的设计中借鉴E-Type的设计理念，推出著名的法拉利250GTO跑车。

林肯 Continental 1961

林肯欧陆是美国最具影响力的汽车之一，它摒弃了当时大多数美国汽车上流行的鳍和镀铬设计，推出了一款线条简洁、朴实的造型。这款车的侧面几乎是个平板，它成为当时富人和名流最喜欢的豪华车，甚至成为美国总统座驾。

法拉利 250GTO　1962

法拉利250GTO于1962年设计制作完成，它代表了20世纪60年代初法拉利的综合技术水平。该车外形线条圆滑而不失刚劲，是典型的"柔中带刚"设计。该车采用3.0L V12型发动机，最大功率为300hp，配备5速手动变速器，最高车速241km/h，0—96km/h加速仅需5.9s。

吉普 瓦格纳　1963

1963年，作为第一款豪华SUV的吉普瓦格纳（Wagoneer）取得了巨大成功，并成为路虎揽胜在1970年时的设计灵感。豪华SUV曾经只是极小众的尤物，然而现在它的市场已不算小了。

保时捷 911　1963

这是有史以来最伟大的跑车，据认为是由老保时捷的长子费迪南德·亚历山大·保时捷设计的。60年后，今天最新款的911仍然具有初代911的造型特征，可谓是典型的车坛"常青树"。

梅赛德斯－奔驰 600　1963

1963—1981年生产的梅赛德斯－奔驰600（W100），曾是世界顶级豪华轿车，也是许多国家领导人和明星的座驾。它采用6.332L V8发动机，标准轴距版车长5.45m，加长款600 Pullman车长6.24m，最高车速200km/h。

雪佛兰 科尔维特第 2 代　1963

雪佛兰科尔维特（Chevrolet Corvette）第2代简称C2，又名"魔鬼鱼"（Sting Ray），是一款制造于1963—1967年间的跑车。此车全部采用V8发动机，最小排量5.4L，最大排量竟达7.0L。此车造型冲击力极强，侧面看更像是一艘快艇。

福特 MUSTANG　1964

福特 MUSTANG（野马）是一款紧凑型运动汽车，每辆仅售 2368 美元，可以满足许多年轻人的消费要求。在此之前的跑车都是高价位车型。此时正值战后生育高峰期的一代刚刚进入购车年龄，这一代人想张扬自己的个性，野马应运而生。

第一辆高尾翼赛车　1965

1965 年，由吉姆·霍尔（Jim Hall）设计的 Chapparel 赛车，是第一辆在不增加重量的情况下，通过加装大型尾翼而获得下压力，从而提高循迹性能的车辆。虽然从第二次世界大战后人们就了解到空气动力学对车辆的影响，但直到 20 多年后，这项技术才真正实际应用在汽车上。

兰博基尼 米拉　1966

1966 年推出的兰博基尼米拉 (Miura)，绝对是未来主义代表车型，即使在今天看来其车身造型都不算过时。米拉的车身由设计大师马赛罗·甘迪尼打造，在 1966 年日内瓦车展上惊艳亮相，成为兰博基尼真正能够挑战法拉利的第一款超级跑车。

法拉利 迪诺 246GT　1968

迪诺 246GT 硬顶款为双门双座钢制车身，其敞篷款称为 246GTS，它们都采用 2.4L V6 发动机，最大功率 195hp，后中置发动机、后轮驱动，配备 5 速手动变速器，0—96km/h 加速仅需 6.8s，最高车速 235km/h。此成绩在当时算是非常了得。

宝马 2500 (E3)　1968

在 20 世纪 60 年代初，宝马决定要打造一款装备直列 6 缸发动机的豪华轿车，并请意大利的博通（Bertone）和 Michelotti 设计室参与设计，这就是宝马 2500，内部编号 E3，也是宝马 7 系的鼻祖车型。

雪铁龙 SM 1970

雪铁龙一直试图打造一款性能卓越的高性能跑车，但只有独特的悬架技术是不够的，因此雪铁龙在1968 年收购了意大利的玛莎拉蒂公司，想将玛莎拉蒂的高性能 V6 发动机与雪铁龙卓越的悬架技术及液压技术相结合。两者结合的成果就是这款雪铁龙 SM。

兰博基尼 康塔什 1971

兰博基尼康塔什（Countach）是楔形车身的经典之作，也是意大利著名设计大师马赛罗·甘迪尼的代表作之一，它翘起的"双翅"又使它在超级跑车中异常显眼。

宝马 3.0 CSL 1972

宝马 3.0 CSL 是专为参加欧洲汽车巡回锦标赛而打造的赛车，1972 年首次推出，共生产 1265 辆。车名中的"L"是指"轻量化"而不是指加长。此车采用了高强度薄钢板、铝质车门和保险杠、有机玻璃车窗等来减轻车身重量。

大众 高尔夫 1974

1973 年，整个欧洲被石油危机重创，大众公司把宝押在一款全新设计的车型之上。由乔治亚罗操刀设计的高尔夫采用溜背式造型，外观有棱有角，就像是一个"纸折"的汽车，非常反潮流。当时有人嘲讽这种简单粗暴的设计就像是"吞下盒子的牛蛙"。

路特斯 精灵 1975

路特斯精灵（Esprit）最早出现在 1975 年，从1976 年开始生产，一直到 2004 年才停止生产。精灵的车身由玻璃钢制造，底盘采用钢制骨架结构。其外观造型由乔治亚罗领军的 ItalDesign 操刀设计，锐利而扁宽，与英国汽车保守绅士的形象迥然不同，而是充满活泼的青春气息。

第一款量产四驱轿车　1980

奥迪 quattro 最早亮相于 1980 年 3 月的日内瓦车展，一直生产到 1991 年。在奥迪 quattro 出世之前，四轮驱动多在越野车上见到。奥迪 quattro 是世界首辆采用四轮驱动的批量生产型轿车，其抓地力要比两轮驱动的轿车高近一倍，从而使轿车的通过性及安全性有质的飞跃。

德劳瑞恩 DMC-12　1981

德劳瑞恩（DeLorean）只制造了一款车型，即 DMC-12 超级跑车。其车身覆盖件采用不锈钢板，加上鸥翼式车门，使其成为独一无二的超级跑车，并因此在《回到未来》电影中作为时间机器而被人熟知。

菲亚特 乌诺　1983

菲亚特乌诺（Uno）由乔治亚罗工作室设计，其车身长度只有 3.645m，轴距 2.362m，车重 711~910kg。别看它方方正正的，但它的风阻系数只有 0.34，使其在保证较大内部空间的前提下还能节省燃油。

法拉利 特斯塔罗萨　1984

1984 年，法拉利在正确的时间推出了正确的车型。引人注目的 V12 特斯塔罗萨（Testarossa）超级跑车，拥有宾尼法利纳设计和制造的双座车身。它的车身设计中运用了空气动力学技术，上市之前对它进行了深度的风洞测试。

雷诺 Espace　1984

雷诺于 1984 年推出的单厢车 Espace，被公认为是欧洲多用途汽车（MPV）的先驱，给汽车设计带来了一场革命，因为它将多功能、大空间和亲切的乘驾感受与传统高档轿车的特点融为一体。平整的地板、5~7 个安装在轨道上的座位，使 Espace 以有限的空间创造无限的可变空间。

克莱斯勒的 Minivan　1985

虽然人们对第一辆 MPV 争论不休，但 1985 年克莱斯勒的 Minivan 却是让以轿车底盘为平台、采用前轮驱动、承载式车身的 MPV 流行起来的车型。

吉普 牧马人　1986

吉普牧马人（Wrangler）最早亮相于 1986 年芝加哥车展。牧马人是迄今最能继承吉普越野精神的车型，或者说是吉普车型中越野性能最强的车型，因为它不仅造型独特，而且采用分时四驱方式，并且分动器有高低档位。

悍马 H1　1992

悍马 H1 是美国 AM General 公司根据美国军车 HMMWV 研发的一款民用越野车，也是第一款民用版悍马汽车。H1 的最大涉水深度为 0.76m，最小离地间隙 0.41m，可以攀爬 37.5°（77%）的坡道，并装备有中央轮胎充气系统（CTIS）。

迈凯伦 F1　1992

迈凯伦（McLaren）F1 超级跑车采用蝶式车门设计、后中置发动机、后轮驱动，搭载宝马 6.1L V12 发动机，碳纤维车身重量仅 1180kg。此车一经推出就成为当时世界上跑得最快的量产汽车，最高车速达到 386.4km/h。此车只有一个座位，且位于中间，这样可以提供更佳的驾驶视野。

雷诺 风景　1995

雷诺在 1995 年推出的风景（Scenic）是欧洲第一辆 mini MPV。除了迷人的圆形外观外，它巧妙的内饰设计也引起了消费者的共鸣。他们喜欢它的多功能座椅、多个储物区。风景立即成为欧洲各地的畅销车，让竞争对手争相效仿。

奥迪 TT　1998

奥迪 TT 跑车流畅、简洁的线条及辨识度极高的圆弧车顶曲线，是受到了德国包豪斯设计理念的启发。它几乎原样保留了概念车版的漂亮外形，并且拥有较佳的性能，在市场上取得了很大成功。

MCC Smart　1998

为了应对城市拥堵问题，1994 年奔驰汽车与瑞士 Swatch 合资成立 MCC 公司，合作开发超微型汽车。后来两家突然放弃合作，奔驰成为 MCC 唯一的股东，并在 1998 年推出车长仅 2.5m 的 Smart 超微型汽车。Smart 设计精巧，驾驶灵活，泊车方便，是现代超微型汽车经典之作。

宝马 X5　1999

第 1 代宝马 X5（底盘编号 E53）诞生于 1999年。当时路虎（Land Rover）归宝马所有，因此在研发 X5 时从路虎揽胜（Range Rover） L322型上"借鉴"了许多技术，特别是陡坡缓降系统（HDS）和越野模式发动机管理系统等。

宝马 Z4　2002

宝马 Z4 跑车的外观造型如刀削斧砍般充满立体感，这要得益于车身冲压技术的突破，可以冲压出具有 3D 效果的车身钣金，从而可以让克里斯·班格率领他的设计团队充分发挥想象力，打造出活力四射、动感极强的运动跑车来。Z4 的外观造型被誉为"火焰表面"，从此一个新的设计词汇诞生了。

劳斯莱斯 幻影　2003

宝马在并购劳斯莱斯后于 2003 年推出的第一款车型就是幻影（Phantom），它也是第 7 代幻影。车身大部分部件由铝材打造，采用宝马 6.75L V12 发动机，车长 5.83m，0—100km/h 加速时间 5.9s。

奥迪 Q7　2005

Q7 是奥迪在 2005 年推出的一款全尺寸豪华 SUV，采用托森中央差速器，以及可以连续调节减振阻尼的空气悬架。Q7 是奥迪推出的第一款 SUV。

第一款长续驶里程电动汽车　2012

特斯拉 Model S 电动汽车在 2012 年上市时就拥有 426km 的续驶里程，可与燃油汽车的续驶里程相匹敌，成为了汽车业的一个里程碑。Model S 还配备自动辅助驾驶系统（Autopilot），可以实现一定程度的自动驾驶。

宝马 i8　2014

宝马 i8 是一款插电式混合动力跑车，于 2014 年推出，它采用两台电动机和一台 1.5L 三缸涡轮增压发动机共同驱动车辆，从静止加速到 100km/h 只需 4.8s。

第一款量产燃料电池轿车　2014

全球首款批量生产的燃料电池轿车丰田 Mirai，于 2014 年开始在日本上市。在燃料全满的情况下可以跑 502km，充满氢气燃料仅需要 3~5min。

红旗 L5　2014

红旗 L5 是最豪华的中国自主品牌轿车，它搭载 6.0L V12 发动机，采用四连杆前悬架和多连杆后悬架，配备双向充气式液压减振器。红旗 L5 轿车也是我国政府用于接待外国元首的礼宾用车。

特斯拉 Model X　2015

特斯拉 Model X 的两个后车门采用鹰翼式设计，以向上折叠的方式打开，在狭窄的停车场也可让乘客进出自如。内部采用"2+3+2"七座布局设计，是一款介于 SUV 和轿跑车之间的跨界车。Model X 的风阻系数极低，仅为 0.24，可有效提升续驶能力。

11.2 技术进步与造型设计
TECHNOLOGICAL AND STYLING DESIGN

　　表面看来，是造型设计师将汽车的外形设计得越来越酷炫、越来越现代，风阻系数也越来越低，难道说过去的汽车设计师们都不知道把汽车设计得低矮和流线型吗？显然不是，他们之所以要把那时的汽车设计得高高大大，而且车头又高又长，主要是受限于发动机的庞大体积，或者说受制于发动机技术发展水平。

　　20 世纪初期，发动机技术水平较低，发动机的"比功率"（也就是功率与重量之比）较低，必须采用很多气缸的发动机才能驱动庞大的车身，而且那时还没有 V 型发动机，一般采用直列 6 缸或 8 缸设计，这样又高又长的发动机放在车上当然要占很大的地方，导致车头部位又高又长，那么车身的流线型和风阻系数就无从谈起了。

　　后来出现了 V 型发动机，并且随着发动机技术的进步，一般不需要大排量的发动机就能驱动汽车快速前进，尤其是应用涡轮增压和机械增压技术、多气门技术后，进一步减小了发动机的体积和重量。现在轿车上的发动机一般都和变速器整合在一起，体积越来越小，使得造型设计师可以将车头设计得非常扁平，风阻系数也越来越低。

11.3　进气格栅设计
GRILLE DESIGN

在设计汽车造型时，汽车的前脸造型不可随意乱来，尤其是最能代表个性的进气格栅，已经成为某些汽车厂家的家族脸谱，如宝马的"双肾"、劳斯莱斯的"帕特农神殿"、吉普的"七竖孔"、阿尔法·罗密欧的"盾牌"、克莱斯勒的"鸡蛋筐"、别克的"瀑布"、雪铁龙的"双人字"、阿斯顿·马丁的"鱼嘴"、布加迪的"马蹄铁"等，它们已成为这些汽车品牌的家族象征。而且，许多世界名车的脸谱一旦固定下来，还要注册知识产权，相当于拥有了肖像权，其他厂家在设计前脸时会尽力避免与其"沾亲带故"，否则会被认为是抄袭。

其实，要想形成既好看又能体现自己风格的汽车家族脸谱并不容易，除了历史较长的欧洲老牌车厂外，一些后起之秀们还真不容易找到自己的"脸"。比如，日本和韩国的汽车工业虽然发展较快，但至今很难形成让人印象深刻而又相对固定的汽车脸谱。好在更多的汽车厂商已开始"沉淀"家族脸谱，如雷克萨斯的"纺锤"、起亚的"虎啸"等进气格栅设计，也渐渐为人熟知。

第 12 章　他们怎样设计汽车

HOW DO THERY DESIGN CARS

12.1　哈利 · 厄尔

HARLEY EARL 造型设计宗师

代表作：凯迪拉克"拉萨尔"，别克 Y–Job，雪佛兰"科尔维特"

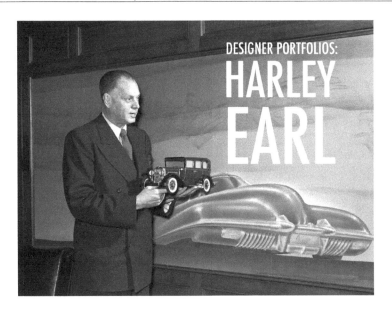

　　哈利 · 厄尔（Harley Earl）是美国最著名的汽车造型设计师。他是美国汽车业第一个造型部门的主管，因此被称为汽车造型设计宗师；他主持设计了世界第一款概念车别克 Y–Job，因此被称为概念车之父；他将喷气飞机的一些造型元素引入汽车设计并深刻影响了美国汽车设计潮流，在美国汽车业中，20 世纪 50 年代被称为哈利 · 厄尔时代。

　　哈利 · 厄尔于 1893 年出生在美国好莱坞，他父亲是一位车身制造商，专为好莱坞明星定制个性化的车身。那时候的汽车制造商只制造带动力的底盘，而车身都是由专业车身制造商打造。哈利 · 厄尔从小耳濡目染，对车身打造也有兴趣。在斯坦福大学上学期间，他也时常到父亲的车身制造厂帮忙。他因病休学后就担任首席设计师，并开始显露设计才华。后来，父亲的车身制造厂被一位凯迪拉克经销商买走，专门从事凯迪拉克汽车的车身定制，而哈利 · 厄尔的首席设计师职位也被保留，继续为好莱坞明星设计车身造型。

　　有一天，凯迪拉克汽车的总经理劳伦斯 · 费希尔到凯迪拉克经销店巡察调研。他在车身制造厂遇到了哈利 · 厄尔，并慧眼识出这位年轻人的设计才华，尤其是利用黏土模型设计车身的方式，给费希尔留下了深刻印象。1926 年，他邀请哈利 · 厄尔到底特律为凯迪拉克设计一款名为"拉萨尔"（LaSalle）的车型。哈利 · 厄尔不负重托，在只有一名木工助手的条件下，仅用三个月就设计并制作出"拉萨尔"的黏土模型。劳伦斯·费希尔对此喜出望外，赶紧请通用汽车的老板斯隆一起视察哈利·厄尔的设计成果，结果当场就批准"拉萨尔"投入批量生产。

1927 年 3 月，凯迪拉克拉萨尔闪亮上市。它圆润的线条、锥形的尾部和修长低矮的车身造型，与当时高高大大的方盒子汽车格格不入，一时间轰动美国车坛；它采用双侧备胎、金属辐条车轮、可折叠座椅、彩色顶篷及"大汤匙"式前挡泥板、高尔夫球专用箱等，这些设计迅速成为美国汽车的潮流元素。拉萨尔成为历史上第一款由造型师设计的大批量生产车型。汽车从此再也不仅仅是冰冷的工业产物，它变得更有美感了。

通用公司老板斯隆被拉萨尔的成功设计鼓舞，1927 年他决定成立一个新部门——艺术与色彩部，负责通用旗下所有品牌车型的造型设计，并邀请哈利·厄尔正式入职通用汽车，担当艺术与色彩部的负责人。而在此之前，美国的汽车大都是由工程师负责设计的，在车身外形上不太讲究，缺乏艺术美感。包括通用在内的汽车制造商甚至根本不生产车身，而是将底盘制造好后送到专业车身制造厂，在那里再为客户量身打造车身。

1927年凯迪拉克LaSalle

通用汽车设立艺术与色彩部的做法彻底改变了汽车行业，汽车制造商自己设计车身造型的做法逐渐流行起来，纷纷组建造型设计部门，从此汽车的外观造型变得与机械构造一样重要。由于哈利·厄尔成为美国第一位负责车身设计的部门主管，因此他被誉为美国汽车设计之父。

1937 年，艺术与色彩部更名为造型部，哈利·厄尔被提升为公司副总裁兼造型部总监，同时要他负责落实"有计划淘汰"制度，即每年都对车型进行改款，进行一些外观更新设计。这样做的目的是让汽车买主感觉汽车造型一年后就过时，每年都需要换新车。这个"有计划淘汰"的销售策略一直到现在仍是各个车厂的促销利器。现在一些手机频繁换代的做法也是受"有计划淘汰"策略的影响。

哈利·厄尔在对车型改款时也是小心翼翼，一方面在造型风格上要与前一年车型保持连续性，同时还要有所更新。哈利·厄尔极力避免极端或激进的设计，他认为那样会导致汽车造型过时的速度太快，并可能疏远保守型的客户。哈利·厄尔的这些设计理念在今天仍被认为是汽车设计的基本原则，但在当时却是不同寻常的。

然而，哈利·厄尔绝不是一个保守型的设计师。1938 年，哈利·厄尔放飞思想，竟然设计并打造出一款只用于展示的汽车——别克 Y-Job，世界第一辆概念车就此诞生。在当时看来，这是一部梦想之车。它的整体造型扁平而低矮，与此前高高大大的汽车呈鲜明对比；从发动机舱盖、挡泥板到车尾，都采用连续曲面造型设计，极具流线型；采用嵌入式前照灯、机枪瞄准器式车头立标、垂直瀑布式格栅设计。现在生产的别克汽车前脸上的直瀑式格栅造型，就是源于此车。

　　哈利·厄尔首创的概念车设计理念，一直影响着全球汽车设计。它可以起到引领设计风向、展示新创意新技术、试探消费反应等作用，因此超现实的概念车仍是当今车展上的主要看点。

　　哈利·厄尔在进入通用汽车公司之前就开始使用黏土模型设计车身造型。在设计 Y-Job 时，他引入黏土模型设计技术，将设计从平面的二维图画变成立体的三维形式，极大地简化和加快了设计过程。即使到了今天，黏土模型设计技术仍被大多数汽车设计师采用。

　　哈利·厄尔喜欢把飞机设计元素纳入汽车设计。洛克希德 P-38 "闪电" 喷气战斗机的尾部设计引起了他的注意。哈利·厄尔曾带领设计团队到底特律附近一个空军基地观察临摹 P-38 战斗机好几个小时。1948年他在凯迪拉克汽车上第一次采用高尾鳍设计，从此美国汽车的尾部都开始翘了起来，而且尾鳍一年年长大，并在 1959 年款的凯迪拉克车型上达到高潮。但进入 20 世纪 60 年代后，尾鳍设计就渐渐消失了。

　　在 20 世纪 50 年代初，哈利·厄尔看到美国人特别喜欢欧洲进口来的跑车，如漂亮的捷豹 XK120 等，他感觉通用汽车有责任为美国人设计一款自主品牌的跑车，尤其是要为像他儿子那样的年轻人打造一款不那

世界第一辆概念车别克Y-Job

1951年凯迪拉克LeSabre概念车与哈利·厄尔

1953年款科尔维特敞篷跑车

么贵的漂亮跑车。他先与人合作设计了一款双座跑车。其车身线条简单、流畅，前风窗玻璃弯曲、优美，前脸造型独具个性魅力，水平式格栅配垂直式保险杠很有识别性。哈利·厄尔非常重视汽车前脸设计，他曾说：

"一辆汽车最重要的设计是它的进气格栅，那是它的脸面，甚至代表了整个设计。"
（The most important part of an automobile is the grille, the face of it. That is the whole design right there.）

1953 年 1 月，这款漂亮的概念车作为"梦之车"拿出来展览并引起轰动。当时还没有给它取名，但消费者已迫不及待，希望早点能买到手。通用汽车抓紧时机在 8 个月后就投入生产，上市时给它取名"科尔维特"（Corvette）。现在此车已发展到第 8 代。

1959 年，哈利·厄尔组织设计团队"头脑风暴"打造出"火鸟"Ⅲ型概念车。它不仅采用并列双驾驶舱设计，搭载两台发动机，而且使用操纵杆驾驶，把操纵杆往前推是加速，往后拉是制动，往左拨是左转，往右拨是右转。此车可能是最"飞机化"的汽车设计了，也是哈利·厄尔退休前的最后一件作品。

1959 年，影响美国汽车设计三十年的哈利·厄尔光荣退休。1969 年，哈利·厄尔因中风而去世，享年75 岁。

1948年凯迪拉克60系列特别款

1959年凯迪拉克Eldorado豪华轿车

12.2　巴蒂斯塔·宾尼法利纳
BATTISTA PININFARINA 意大利设计教父

代表作：西斯塔利亚 202 型，纳什"大使"，法拉利 250 GT

纳什Healey敞篷跑车

　　巴蒂斯塔·宾尼法利纳（Battista Pininfarina）在 18 岁时就出道了，他的第一个作品是菲亚特零型（Fiat Zero）的进气格栅，那可是汽车的脸面。当时他还在他哥哥的汽修厂里工作。他的设计战胜了菲亚特公司自己的设计方案，这激励他从此走上了汽车设计的道路。

　　巴蒂斯塔·宾尼法利纳出生于 1893 年，没受过什么专业教育，11 岁起就到哥哥的汽修厂打工。1922 年他驾驶自己打造的汽车，参加了一场汽车比赛，竟然创造了最快圈速纪录，而且这个纪录一直保持了 11 年。

　　在参加汽车比赛的经历中，他认识了当时意大利赛车圈里的大神级车手文森佐·蓝旗亚（他也是蓝旗亚汽车品牌的创始人）。在文森佐·蓝旗亚的鼓动下，巴蒂斯塔·宾尼法利纳找到一位姑妈出资，于 1930 年离开哥哥的修理厂，在都灵创立了宾尼法利纳设计工作室，实际上就是个小作坊。他一方面为他人设计和定制车身，另一方面利用意大利本土车型的底盘，主要是来自他的朋友文森佐·蓝旗亚提供的底盘及来自菲亚特和阿尔法·罗密欧的底盘，自己独立设计和打造车身，完成最后的组装后对公众出售。1931 年，宾尼法利纳设计的蓝旗亚 Dilambda 亮相，其后分别是 1933 年的阿尔法·罗密欧 8C 2300、1936 年的蓝旗亚 Aprilla 和 Astura，以及 1937 年的阿尔法·罗密欧 6C 2300、8C 2900B 等。

　　巴蒂斯塔·宾尼法利纳设计和打造的汽车外形很酷，在意大利很受欢迎，最多时每天能有七八辆新车从宾尼法利纳工厂驶出。然而直到第二次世界大战前，宾尼法利纳工作室还只能算是小打小闹，在国际上还没什么名气。

　　1945 年，第二次世界大战刚结束，巴黎车展隆重举行。然而作为战败的轴心国成员，意大利汽车厂商被禁止参展。即使巴蒂斯塔·宾尼法利纳把他设计的阿尔法·罗密欧 6C 2300 和蓝旗亚 Aprilla 弄到了巴黎，但主办方不让他们进入展馆。没办法，宾尼法利纳只好将两辆车停放在展馆门口。结果，这两辆造型很酷的意大利汽车，反而引起观众的更大兴趣，从此宾尼法利纳工作室开始扬名意大利之外。

　　第二年，宾尼法利纳又跑到美国纽约参展，这次带去的是他设计的西斯塔利亚（Cistalia）202 型跑车。这款展车造型优雅，进气格栅为大大的椭圆形，前照灯、前翼子板与车身融为一体，整个车身呈流线型，没有尖锐的棱角，并且车身使用了超前的铝制材料。由于售价较高，西斯塔利亚 202 型的销售不佳，但它的设计风格深深影响了战后汽车设计趋势，被誉为"第一辆现代式跑车"。宾尼法利纳也借此车而一举成名。纽约现代艺术博物馆对西斯塔利亚 202 型的设计非常欣赏，将其永久收藏，并在 1951 年将它列入"当代八大杰出汽车"之一。

在西斯塔利亚 202 型的盛誉之下，宾尼法利纳得到了美国纳什（NASH）汽车公司的两个订单，并在 1952 年成功设计出迎合美国消费者口味的纳什"大使"和纳什 Healey，其中"大使"的外观造型还获得多项设计大奖。自此宾尼法利纳正式打入美国市场。

在 1952 年巴蒂斯塔·宾尼法利纳好运不断，他还迎来了另一个转机：宾尼法利纳与法拉利开始正式合作。据传，当时宾尼法利纳与恩佐·法拉利见面会谈时颇有戏剧性，双方都不愿到对方公司见面，担心因处于客场而吃亏，为此选择了位于两家公司中间的小镇托尔托纳一家餐馆进行谈判。当时媒体都以为这两个意大利强人的合作不会太久，没想到宾尼法利纳自此源源不断地为法拉利设计一辆辆惊艳的跑车，比如法拉利 250 GT Spyder、250 GT Berlinetta、250 GT、Dino 206 GT 等车型。宾尼法利纳俨然成为法拉利的御用设计公司，先后为法拉利设计了 200 多款车型。一直到 70 多年后的今天，两家公司仍然是合作不止。

除了设计漂亮的跑车外，宾尼法利纳还喜欢探索空气动力学。1960 年，这位意大利人设计了一款可能是受美式橄榄球启发的汽车，名为宾尼法利纳 X 型。此车前后各有一个独立的车轮，外观造型奇怪，风阻系数仅为 0.23。

1961 年，宾尼法利纳工作室已是世界闻名的设计公司，巴蒂斯塔·宾尼法利纳把公司交给了他的儿子和女婿负责，自己则投身于电影制作、文化和慈善事业，手痒了偶尔也设计车型。巴蒂斯塔·宾尼法利纳亲自设计的最后一款汽车是阿尔法·罗密欧 1600 Sport 概念车。此车在 1966 年 3 月的日内瓦车展上首次亮相后不到一个月，也就是 1966 年 4 月 3 日，一代汽车设计大师巴蒂斯塔·宾尼法利纳去世，享年 73 岁。

法拉利250 GT Berlinetta

12.3 马尔科姆 · 塞耶

MALCOLM SAYER 空气动力学设计师

代表作：捷豹 C–Type，捷豹 D–Type，捷豹 E–Type

捷豹E型跑车

谁是世界上最漂亮的汽车？这个真没有确切答案，但恩佐·法拉利曾称捷豹 E–Type 是"有史以来最漂亮的汽车"。当人们看到捷豹 E–Type 后，大多会同意恩佐·法拉利的看法。这款车的外观造型就是由马尔科姆·塞耶（Malcolm Sayer）设计的。然而他不喜欢别人称呼他是汽车造型师或设计师，他坚称自己是空气动力学专家。因为他所设计的捷豹跑车和赛车，都是他根据空气动力学、曲面几何学等理论，用钢笔、计算尺和对数表手动计算出来的，而不是像造型师那样凭感觉和艺术审美画出来的。

马尔科姆·塞耶于1916年出生在英国，他的父亲是一位数学和艺术老师。他17岁时获得帝国奖学金并就读于拉夫堡大学的航空和汽车工程系。毕业后正赶上第二次世界大战，他进入英国布里斯托飞机公司工作。由于工作特殊，他被免于参军上前线。1948年，马尔科姆·塞耶跑到伊拉克巴格达大学任教并负责维护政府车队。虽然这是一次不成功的冒险行为，但他遇到了住在同一个帐篷里的一位德国教授。这位教授帮他了解了曲面几何与函数恒等式的数学关系，从而使他有可能通过数学计算就能设计出优美而科学的车身造型。

1950 年马尔科姆·塞耶回到英国后，向捷豹汽车公司申请工程师的职位。当时面试他的是捷豹的总设计师海因斯，海因斯对他在飞机公司工作的经验和空气动力学方面的数学方法很感兴趣。就这样，自 1951 年起，马尔科姆·塞耶开始在捷豹汽车工程设计室工作。

马尔科姆·塞耶是最先将空气动力学应用在汽车设计上的设计师之一，而且他喜欢用数学计算出车身每个部位的曲面和线条。他将汽车造型画在一张与墙一样宽的大纸上，使用滑动计算尺和对数表，分别计算并标出各个部位的数据。他这样做一方面是为了减小风阻，符合空气动力学，另一方面是为了看着漂亮，符合美学。其实这个设计程序现在已由计算机帮忙完成了，即计算机辅助设计（CAD）。而那时马尔科姆·塞耶是使用德国教授教给他的一套方法，用数学设计图形完成捷豹车身造型设计。

根据他的计算数据设计出原型车后，还要进行空气动力学测试。当时捷豹还没有风洞实验室，马尔科姆·塞耶只好将原型车身上粘满羊毛，原型车在前面跑，他驾车跟在旁边，仔细观察车身上的羊毛如何受到气流的影响。然后根据受影响的情况再做出精准调整。他的"粘羊毛"测试空气动力学特性的土办法，与现在风洞中用烟枪观察车身受气流影响的原理完全一样，具有异曲同工之妙。

在捷豹汽车设计总监海因斯的领导下，马尔科姆·塞耶将空气动力学理论应用在车身设计上，从 1951

年起参与捷豹赛车造型设计。他参与设计的第一辆车是捷豹 C-Type 赛车。这是捷豹首次赢得勒芒 24 小时耐力大赛的车型。1952 年，捷豹推出了 D-Type 赛车。这款车和 C-Type 一样，虽然使用了相对较小的发动机，但是它的车身造型和曲面是由马尔科姆·塞耶利用空气动力学和数学理论精确设计的，从而使捷豹 D-Type 赛车在 1955 年、1956 年和 1957 年赢得勒芒大赛三连冠。D-Type 赛车在跑道上最快速度可以达到 309km/h！

　　1961 年，马尔科姆·塞耶借助空气动力学和数学计算，设计出极致漂亮的捷豹 E-Type 跑车。捷豹 E-Type 是捷豹和马尔科姆·塞耶的巅峰之作，它长长的发动机舱盖、嵌入车身的圆形前照灯、椭圆形的进气格栅、两侧凸起的前翼子板，以及优美的车身曲线、圆滑性感的尾部造型，都堪称汽车美学的经典设计元素。当捷豹 E-Type 1961 年在日内瓦车展上亮相时，它不仅在性能上超越当时的对手，只用 7s 就可以从静止加速到 100km/h，最快能跑到 240km/h，而且它的优美身姿着实让同时代的其他车型相形见绌。即使过了 60 多年，今天它仍被认为是历史上最漂亮的汽车之一。此车一直持续生产到 1974 年，总产量 7.2 万辆汽车。捷豹 E-Type 跑车已成为汽车设计历史上的一个标志。据永久陈列 E-Type 跑车的纽约现代艺术博物馆的评论：

　　"马尔科姆·塞耶将科学和艺术独特地融合在一起，创造出了独特而永恒的造型和美丽。他把科学引入汽车设计艺术中。"

　　（Malcolm Sayer uniquely blended science and art to produce timeless shapes of exceptional and enduring beauty. He brought science to the art of car design.）

　　马尔科姆·塞耶还是个完美主义者，为了减小气流对车身的影响，他竟然将发动机舱盖上的捷豹徽标镶嵌在 1.5mm 深的凹痕内，这样发动机舱盖上就平整了。

　　马尔科姆·塞耶行事比较低调，不愿抛头露面，很长时期人们都不知道他才是捷豹汽车背后的那个造型设计师。不幸的是，马尔科姆·塞耶在 1970 年因心脏病突发而去世，享年只有 54 岁。

　　现如今，马尔科姆·塞耶根据空气动力学和数学计算而设计的捷豹汽车，早已成了收藏家们追逐的宝物。他参与设计的捷豹 E-Type 跑车，曾以 800 万美元的价格成功拍卖，而一辆 1955 年的捷豹 D-Type 赛车，曾以 2178 万美元拍卖成交。

捷豹D-Type赛车

捷豹E-Type跑车

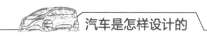

12.4 柯林·查普曼

COLIN CHAPMAN 疯狂赛车设计师

代表作：路特斯 49B 型赛车，路特斯 79 型赛车

路特斯车队第一次获得 F1 大赛冠军，柯林·查普曼手举奖杯

柯林·查普曼（Colin Chapman）是一位杰出的设计师、赛车手和企业家。他从在女朋友家的后院改装一辆二手车开始，一步步走向了 F1 大赛。在 1962—1978 年间，柯林·查普曼设计的 F1 赛车共夺得 6 个年度车手总冠军、7 个年度车队总冠军。

柯林·查普曼于 1928 年出生于英格兰萨里郡（Surrey），两岁时他的父亲带领全家来到了伦敦，因为父亲要去接管一家铁路旅馆。小查普曼对旅馆门前马路上飞奔的汽车非常感兴趣，他尤其喜欢研究汽车突然减速拐弯的动作。这可能就是他后来成为赛车设计师的最早启蒙吧。

第二次世界大战结束后，柯林·查普曼进入伦敦大学攻读结构工程，他总是骑着一辆摩托车去上学，但 1945 年 11 月他的摩托车与一辆出租车相撞，摩托车报废了，幸亏他自己没有出事。为了安全起见，他的父母给他买了一辆莫里斯 8 型汽车。这款车使查普曼的驾驶技术大幅提升，为他日后创造的那些奇迹打下了坚实的基础。

还是学生时，查普曼就在他女朋友家的后院改装了一辆奥斯汀 7 型汽车。首先是采用空气动力学概念重新打造车身，加强底盘和悬架系统。改造成功后，查普曼给这辆车取名"路特斯"（Lotus，原意为"莲花"）。据说"路特斯"是查普曼对女友哈兹尔的一个爱称。

1948 年这一年，注定对查普曼来说是最不平凡的一年。他不但改造完成了路特斯汽车，从伦敦大学毕业，而且还加入了英国皇家空军，同时还加入了 750 汽车俱乐部。从英国皇家空军退役后，查普曼到英国铝业公司当一名设计工程师。他的工作是研究怎样使用铝替代传统金属来减轻重量。这个研究项目被认为是查普曼后来不断追求汽车轻量化的开端。

查普曼采用奥斯汀 7 型车的底盘又特别打造了一辆汽车。他对发动机做了很大的改进，车身重量也减轻了一些，这样在同样的动力下汽车就可以获取更高的加速度。轻量化车身设计也是日后查普曼的两大设计思路之一，另一个是底盘设计与调校。他曾有名言：

"增加动力可以让你在直道上跑得更快，而减轻重量会让你在任何地方都跑得更快。"

（Adding power allows you to go faster on the straights, while reducing weight allows you to go faster everywhere.）

查普曼的这次改装非常成功，于是 750 俱乐部的成员纷纷要求查普曼帮他们改装同样的赛车。查普曼一看既然如此，不如把帮忙变成生意，专业为他人打造赛车。于是，他就与人合伙在 1952 年元旦成立了路特斯工程公司，专业改装赛车。当时查普曼还在英国铝业公司上班，他利用下班时间竟然一手打造了 8 辆路特斯赛车。后来，实在是忙不过来了，查普曼就找了三个兼职的帮手。

1955 年 1 月，26 岁的查普曼辞掉了英国铝业公司的职务，全力投入路特斯汽车的研制。这个时候的查普曼不仅是路特斯的首席设计师、工厂老板，还是路特斯车队的队长兼首席车手。由于天生的才智过人，加上后天的勤奋努力，查普曼很快就成为英国赛车界响当当的人物，并成为当时英国范沃尔 F1 车队的技术顾问，协助他们设计和调校 F1 赛车的底盘。

1958 年 7 月，查普曼正式开始进军 F1 赛车，第一辆路特斯 F1 赛车 16 型研制成功。然而这辆赛车有设计缺陷，存在应力集中问题，车身结构在行驶中可能会突然裂开。16 型在欧洲赛场的名声很差，以致很多赛事的主办者都不愿意路特斯 16 型参加。正在危急时刻，路特斯 18 型赛车的出场为查普曼带来了一线生机。

1960 年 5 月，在摩纳哥大奖赛上，路特斯 18 型竟然赢得了第一个大奖赛分站冠军，随后又在美国大奖赛上再度夺得冠军。路特斯 18 型取胜的关键是查普曼采用了更简约的设计。它采用发动机后置，相比前置发动机少了很多传动机械装置，动力损失大大减少。

1961 年，F1 比赛的规则有所改变，发动机排量从 2.5L 降到 1.5L。动力水平降低后，空气动力学再度成为各个车队研究的重点。这时候路特斯公司推出了路特斯 21 型 F1 赛车。然而此车设计并不怎么成功，因为它的发动机是仅 150hp 的四缸发动机，而此时法拉利赛车已经采用了 V6 发动机，输出功率可达 180hp。即便如此，路特斯车队依然凭借车手的出色发挥意外地拿到了两个分站冠军。

1962 年，查普曼利用新设计的考文垂 V8 发动机，通过精心设计先后推出了路特斯 24 型和路特斯 25 型 F1 赛车。驾驶路特斯 25 型赛车的是伟大的车手吉姆·克拉克。自 1963 年起，克拉克攻城略地，两次获得 F1 年度车手总冠军，一次获得印第 500 比赛车手亚军，一次荷兰大奖赛第三名。然而克拉克在 1968 年 4 月的一次比赛中意外身亡，年仅 32 岁。克拉克是路特斯车队的首席车手，他的去世对路特斯车队影响巨大，然而就是在这一年，在著名车手希尔的带领下，路特斯车队依靠性能卓越的赛车，再次获得 F1 大赛年度车队总冠军。查普曼在获胜时刻冲进赛场，与车手和机械师们热烈拥抱，将手中的帽子高高抛向空中。

到 20 世纪 60 年代末，国际赛车界开始意识到单纯地提高最快车速并不是取胜之道。如何提高入弯车速和增强轮胎抓地力才是最重要的问题。查普曼很早就意识到这些问题。查普曼在 1967 年曾利用路特斯 38 型做过试验，他在车尾安置测量升力的仪器，最后测得的升力巨大，令查普曼非常吃惊，他不得不重新认识空

路特斯49B型F1赛车双扰流板设计

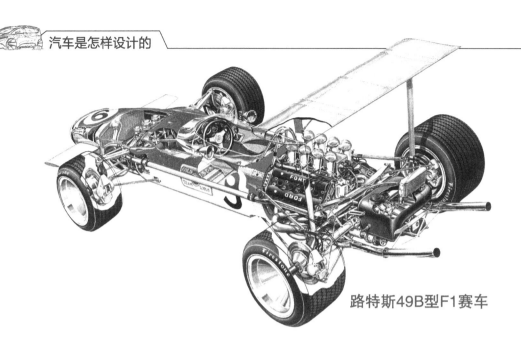

路特斯49B型F1赛车

气动力学对赛车设计的意义。

1968 年年初，查普曼根据空气动力学设计的路特斯 49B 型 F1 赛车出场了，赛车尾部竖起了高高的扰流尾翼。这是查普曼在空气动力学方面的一个勇敢尝试，也是查普曼对 F1 赛车空气动力学设计的巨大贡献。路特斯 49B 的后尾翼引起了很大争议，虽然它可以带来很大的抓地力，但是也产生了很大的空气阻力。

1969 赛季，路特斯对于赛车尾翼的改进达到了疯狂的境地，双层尾翼、三层尾翼轮番登场。查普曼发现了一个规律，尾翼的面积越大，赛车单圈用时就会越少。在巴塞罗那 F1 大奖赛上，查普曼再度加宽了路特斯赛车的尾翼，然而，这次查普曼做得有点过了，两辆路特斯赛车都在高速奔跑中失去了控制，尾翼变形后脱离车体飞了出去。

为了安全起见，国际汽联不得不痛下决心，禁止 F1 赛车上出现任何扰流翼板，并从摩纳哥站开始执行。然而禁令的颁布招致了所有车队的抗议，国际汽联不得不撤销禁令，但对尾翼的安装有极严格的限制和要求。由于查普曼很早就开始了赛车空气动力学的研究，新的限制对他们影响不大，因此路特斯车队在 1970 年又获得年度车手冠军和年度车队冠军。

1971 年，受尾翼安装的进一步限制，加上轮胎出了问题，路特斯车队一败涂地，竟然一个分站冠军也没拿到。而到了 1972 赛季，恢复过来的路特斯车队，再度夺得 F1 年度车队和车手冠军。

1975 年 8 月，设计天才查普曼意外获得灵感——如果在车体底部形成负压力，那么就会使赛车产生强大的抓地力。这种想法如果能够实现，那么它要比尾翼对抓地力的提升更大。查普曼请来英国空军的空气动力学专家参与设计。经过数年的努力，查普曼利用他的地面效应理论，最终推出了路特斯 78 型赛车。

路特斯 78 型可以说是查普曼对于赛车界最大的贡献。赛车的底板被设计成倒置的机翼并贴近地面，车底形成足够的负压，从而产生巨大的下压力，使赛车在转弯时能够安全地保持在路面上。查普曼的地面效应理论和飞机的飞行原理一样，只不过是将机翼产生的升力给反了过来。

1977 年，路特斯 78 型赛车第一年参加 F1 大赛就获得了 5 个分站冠军。一时间，查普曼的地面效应底板被其他赛车队疯狂仿制。第二年，路特斯 78 型再度升级，路特斯历史上最完美的赛车路特斯 79 型登场。这一年路特斯车队统治了 F1 大赛，共取得 8 站大奖赛冠军，最终夺得年度车手总冠军。

到了 1979 年，查普曼更加疯狂了，他甚至走向了极端，他要建造完全利用地面效应而不需要尾翼产生下压力的赛车。这款试验品就是路特斯 80 型。由于时间仓促，路特斯 80 型存在严重的空气动力学问题，后来不得已又恢复使用路特斯 79 型赛车。失去的时间无法弥补，而其他车队对路特斯赛车的模仿都非常成功。没有了独门武器，路特斯赛车一时间陷入了困境。

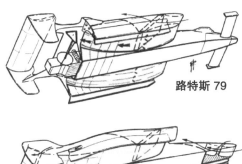

路特斯79

路特斯80

路特斯F1赛车底板设计

路特斯79型F1赛车

国际汽联此时对赛车底板的形状进行了严格的限制，从 1981 年开始提高了 F1 赛车的最低乘坐高度，就是说底板不能太低，从而消除了疯狂的地面效应设计。

路特斯被迫连续改款，但都不成功。虽然路特斯赛车的抓地力仍然是最好的，但是却无法解决过弯时超强的向心加速度及强烈的振动，而且容易增加车手的疲劳。为了解决这些问题，查普曼在路特斯 88 型上设计了主副双层底板，分别固定在两套减振系统上。这种设计不但可以利用地面效应，而且比以前的路特斯赛车更平稳，更容易操控。双底板设计也是查普曼在 F1 赛车上的最后一个创新。

路特斯车队的对手们意识到，如果查普曼的双底板设计取得成功，那么路特斯赛车就又会取得绝对优势。于是他们群起而攻之，指责路特斯赛车主底板上的空气动力学部件"裙边"，在汽车加速时并不处于悬吊状态，而这在当时的 F1 技术规则上是不允许的。结果，在 1981 年赛季，由于对手的抗议，配备双底板的路特斯 88 型赛车未获准参赛。同时，国际汽联还规定，从 1983 年开始要求赛车采用平底设计。从此，查普曼的地面效应理论再无用武之地，"莲花"开始凋谢。

最让查普曼闹心的是，1981 年路特斯公司只卖出去了可怜的 345 辆路特斯跑车，转年开始遭遇巨额亏损。查普曼此时卖掉了他原先购买的两个船厂，试图全力拯救路特斯。人们期待着查普曼力挽狂澜，只可惜在 1982 年 12 月 16 日，查普曼在家中突然心脏病发作去世，享年 54 岁。

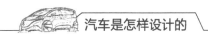

12.5 乔盖托·乔治亚罗

GIORGETTO GIUGIARO 世纪汽车设计师

代表作：第 1 代大众高尔夫，德劳瑞恩 DMC12，路特斯 Esprit

第1代大众高尔夫轿车

不好说谁是世界上最厉害的汽车设计师，但影响力最大的汽车设计师一定是乔盖托·乔治亚罗（Giorgetto Giugiaro），他为全球数十家汽车制造商设计了 200 多款汽车，生产总量超过6000万辆。1999 年，他被世界各地的 120 多名汽车记者评为"世纪汽车设计师"，被确认为20世纪影响力最大的汽车设计师。

乔盖托·乔治亚罗于 1938 年出生在意大利一个艺术世家中，祖父和父亲都是宗教画家，母亲喜爱音乐，他在 14 岁时很自然地就进入都灵美术学院学习。据称他白天上完艺术课，晚上还要学习技术设计。在一个时期，他突然迷上汽车素描和设计。在一次期末学习成果展览上，他创作的几张汽车设计草图引起了菲亚特汽车公司设计总监但丁·贾科萨的注意。但丁·贾科萨慧眼识珠，看到了乔治亚罗的汽车设计方面的潜力，就聘请他担任菲亚特的初级设计师。当时是 1955 年，乔治亚罗仅有 17 岁。

遗憾的是，乔治亚罗在菲亚特这样一个汽车帝国中受到很多条条框框的限制，在这里思想奔放的年轻设计师很难发挥才华，他一直没有设计什么作品，但却变得更加成熟。于是，在菲亚特度过四年的成长期后，他在 1959 年跳槽到博通设计工作室，投身于努西奥·博通门下。

努西奥·博通非常器重乔治亚罗，为了能让他不被干扰，甚至专门租下一个旅馆房间作为他的专用工作室。乔治亚罗在这里开始展露才华，先后为博通设计了法拉利 250GT SWB 和阿尔法·罗密欧 Giulia Sprint GT。这两款作品不仅为博通公司增光添彩，而且使乔治亚罗开始扬名天下。此后乔治亚罗在博通公司又操刀设计了阿尔法·罗密欧 Canguro、玛莎拉蒂 5000GT、阿斯顿·马丁 DB4 GT 及菲亚特 850 Spider、宝马 3200CS 等量产车型，其声誉如日中天。

1965 年，乔治亚罗在博通公司工作了六年后决定离开，加入博通的对手吉亚（Ghia）设计公司任主管。在这里，乔治亚罗为更多的汽车品牌设计车型，主要有五十铃 117、菲亚特 850 Vanessa、玛莎拉蒂 Ghibli 和德·托马索"猫鼬"（Mangusta）等。其中 1966 年设计的"猫鼬"一改当时流行的柔滑圆润设计，首创棱角分明的折纸造型，标志着汽车设计"折纸时代"即将到来。此车堪称年代转折经典之作。

1967 年，乔治亚罗又离开吉亚，创办了"意大利设计乔治亚罗"（Italdesign Giugiaro）工作室。从此，乔治亚罗的设计黄金时代到来了，他的优秀设计作品一个接一个地亮相，如阿尔法·罗密欧 Alfasud、大众高尔夫和尚酷、蓝旗亚 Delta、布加迪 EB112、萨博 9000 和斯巴鲁 SVX 等。其中最著名的作品是 1974 年设计的第 1 代高尔夫车型。乔治亚罗在高尔夫车型上充分展现"折纸造型"设计手法，车身平整，线条笔直，棱角分明，风格简约，极富力量感和个性魅力。他的独特设计也造就了一代名车高尔夫。

尽管名气越来越大，但乔治亚罗一直保持低调。大众汽车曾询问乔治亚罗，是否想在每一辆高尔夫上镶嵌"乔治亚罗设计"的标识，乔治亚罗拒绝了此建议并说道：

"当人们购买一辆汽车时，他们才不关心是谁设计的呢。汽车不是艺术品。艺术品需要名望，但汽车不需要。"

（When people buy a car, they don't generally care about who designed it. Cars are not artworks. Art is prestigious, but cars are not.）

乔治亚罗还将"折纸造型"应用在此后设计的多款车型上，它们都是棱角分明的经典造型，而且都在市场上获得了巨大成功：1973 年设计的第 1 代大众帕萨特；1976 年设计的路特斯精灵（Esprit），后来该车还成了电影《007》主角詹姆斯·邦德的座驾；1979 年设计的蓝旗亚 Delta；1980 年设计的菲亚特熊猫（Panda），车身线条更加简约，乔治亚罗将此车形容为"像牛仔裤一样简单、实用、没有褶皱的衣服"；1981 年为德劳瑞恩（DeLorean）设计的 DMC12 跑车，使用不锈钢材料打造车身，极具未来科幻感，曾在电影《回到未来》中被改装成时光机；1983 年设计的菲亚特乌诺（Uno）；1984 年设计的蓝旗亚 Thema 等。

乔治亚罗开创的"折纸造型"设计理念，至少影响了世界汽车设计 20 年，因此也把 20 世纪 70 年代称为汽车设计的"折纸时代"。

2010 年，乔治亚罗将意大利设计公司（Italdesign）卖给了大众汽车集团，从此专为大众汽车旗下的十大品牌提供服务，而乔盖托·乔治亚罗则离开亲手创办的设计公司，成为一位完全自由的设计师。

全不锈钢车身的德劳瑞恩DMC12

路特斯Esprit跑车

12.6　布鲁诺·萨科

BRUNO SACCO 掌控奔驰汽车设计 25 年

代表作：奔驰 S 级（W126、W140、W220），奔驰 SLK

1982年梅赛德斯－奔驰190E（W201）

　　除了自己是老板外，很少有设计师毕生只在一家汽车公司从事设计工作，而意大利人布鲁诺·萨科（Bruno Sacco）算是一位。他从 1958 年进入奔驰汽车公司，一直到 1999 年退休的 41 年间，他一直在设计奔驰汽车，其中有 25 年是以奔驰汽车设计总监的身份在掌控奔驰汽车的设计走向。可想而知，布鲁诺·萨科对奔驰汽车在设计方面的影响可谓是空前的，估计也是绝后的。

　　布鲁诺·萨科在 1933 年 11 月 12 日出生于意大利的乌迪内。据他自己说，他在 1951 年的一次骑自行车时，看到一辆漂亮的斯图贝克（Studebaker）汽车从他身旁驶过，从此他知道他的人生方向已经决定，那就是要从事汽车造型设计。他在意大利都灵理工大学学习机械工程毕业后，曾到著名的吉亚和宾尼法利纳两个设计室实习，试图能在那里工作，从事自己梦想的事业。然而，他的努力被证明是失败的。

　　1958 年，不满 25 岁的布鲁诺·萨科跑到德国奔驰汽车公司想试试运气，居然被录用了。他原本也只是想工作一段时间就回意大利去，毕竟意大利是艺术和设计的天堂，那里的汽车设计工作室更多更有名。然而，他在第二年遇到了柏林女孩安玛丽·伊贝并结婚，转年还生了个女儿，于是就定居德国，从此一直在奔驰工作到退休。

　　在奔驰的最初十多年里，他只是一位汽车造型师，参与设计了奔驰 600（W100）轿车、奔驰 230SL（W113）跑车等，并在 1970 年设计了第 2 代 C111 概念车。1975 年，布鲁诺·萨科接任梅赛德斯－奔驰设计开发中心总监。在那里，除了开发当前的项目，他还为未来几十年的设计而未雨绸缪。1978 年，他率领团队推出第 3 代 C111 概念车。出乎意料的是，这款柴油动力的概念车竟然打破了 9 项速度纪录。它的造型设计中很好地应用了空气动力学，风阻系数仅为 0.191。它精确的边缘设计和干净利落的车身线条独树一帜，也极大地影响了布鲁诺·萨科后来对梅赛德斯－奔驰190E 的设计。

　　布鲁诺·萨科在担任奔驰汽车设计总监期间，可以说是负责每一款车型的设计，他主导设计的车型包括：第 6、7、8 代 S 级、第 5、6 代 E 级、第 1、2 代 C 级，两代 SL 级，第 1 代 SLK 级和第 1 代 M 级等。其中，他最满意的设计是 1982 年推出的奔驰 190E 轿车（W201）；而他最不满意的是 1991 年亮相的第 7 代 S 级（W140）轿车，他认为这款车"高了 4in（1in=0.0254m）"。

　　为什么布鲁诺·萨科能掌控奔驰汽车设计风格 25 年？因为他有一套设计哲学，一直被奉为奔驰汽车的设计原则。在布鲁诺·萨科之前，奔驰遵循的设计原则是公司联合创始人戈特利布·戴姆勒的造车哲学"只有最好"（Nothing but the best）。其实这个原则有点虚，不好具体遵循。而布鲁诺·萨科为奔驰汽车制定的设计原则非常具体，主要有两大原则：

一是"水平同质性"，是指同一时期不同车型之间应该有强烈的视觉联系。布鲁诺·萨科喜欢在进气格栅、前照灯和尾灯的设计中，使用奔驰家族元素来表现"水平同质性"。尽管轿车、双门轿跑车和跑车在细节上有很大区别，但仍然第一眼就能看出它们的相似之处。

二是"垂直亲和性"，是指在新一代车型推出后，上一代车型不能明显过时。这个设计原则对奔驰来说特别重要，因为奔驰汽车以寿命长著称，其典型的寿命周期为 20~30 年。布鲁诺·萨科认为开发一款车型需要 3~5 年，平均生产周期为 8 年，使用寿命约为 20 年，所以梅赛德斯－奔驰的设计要能保持 30 年不落伍。由于汽车的造型是在 30 年循环周期的第二年就要决定下来，因此布鲁诺·萨科要求他的设计师们试着提前 30 年思考。

布鲁诺·萨科曾用一句话来概括他的设计理念：

"奔驰必须永远看起来像是一辆奔驰。"

（A Mercedes-Benz must always look like a Mercedes-Benz.）

他曾说，当一辆奔驰跟在你后面时，你从后视镜中就能一眼认出它是奔驰。今天的每个孩子都能认出眼前的奔驰车来，这要归功于布鲁诺·萨科所提倡并一直坚持的设计哲学。

看了上面介绍，可别认为布鲁诺·萨科是个保守派设计师，他的设计偶尔也会超出你的想象。从 1993 年开始，布鲁诺·萨科的设计哲学开始出现一些调整，他更加注重品牌形象的创新，而不仅仅是传承。1995 年他推出的 E 级（W210）轿车采用的"四眼"设计，就让人眼前一亮。四个椭圆形前照灯、肌肉造型式前轮拱及经典的进气格栅，和谐地与发动机舱盖融为一体，使它的前脸设计极具识别性。这种出人意料的大胆设计让人在震惊的同时又不免为奔驰品牌担心，但随后该款车型在市场上的表现却有力地支持了布鲁

第7代梅赛德斯–奔驰S级（W140）

梅赛德斯–奔驰E级（W210)

诺·萨科的设计变革，并促使他将类似设计用于 CLK 级、S 级和 CL 级等其他车型上。

　　1991 年底，布鲁诺·萨科率领团队开始设计一款硬顶敞篷跑车 SLK 级。这可能是布鲁诺·萨科负责的最大创新设计了。他们最终在 1993 年初完成样车设计并得到了董事会的批准。此前敞篷汽车都是软顶的，而 SLK 是世界第一款硬顶敞篷跑车，因此他们在 1993 年 9 月 30 日获得了德国设计专利。这款 SLK 不仅从经典车型 SL 和传奇车型 300SL 上传承了漂亮动感的造型，而且它的可折叠式硬顶已成为现代跑车设计的新标准，在 1996 年推出后引起同行竞相模仿，以至于现在软顶敞篷跑车基本消失了。

　　1997 年推出的第 8 代 S 级（W220）轿车，算是布鲁诺·萨科的告别作。前保险杠、进气格栅、前照灯和前轮拱，高度整合成一体。而且进气格栅、前风窗和后风窗都比前代车型更加倾斜，使轿车呈现更低、更流线型的动感设计。发动机舱盖前端两侧的肌肉造型，更增添了 S 级的运动气质。S 级轿车已经从一个成功的车型转化为豪华高端市场的潮流引领者。布鲁诺·萨科已将奔驰品牌塑造成了一个优雅、自信、训练有素的运动员。

　　从 20 世纪 80 年代开始，梅赛德斯－奔驰坚守布鲁诺·萨科的设计哲学。没有任何一个汽车品牌能像奔驰这样，在创新设计和品牌传统之间走得如此稳健、专业和有信心。

　　1999 年，布鲁诺·萨科从奔驰退休。他的继任者带领奔驰汽车驶入 21 世纪，开始向车型设计多样化发展，相比布鲁诺·萨科的设计原则要激进得多。

梅赛德斯–奔驰SLK级硬顶敞篷跑车

第8代梅赛德斯–奔驰S级（W220）轿车

12.7　克里斯·班格

CHRIS BANGLE　最具争议的汽车设计师

代表作：第 4 代宝马 7 系，第 1 代宝马 Z4，第 5 代宝马 5 系

第4代宝马7系轿车

无论你认为他是天才还是疯子，或者两者兼而有之，你都不可否认，克里斯·班格（Chris Bangle）是当代最具争议的设计总监之一，也是近 30 年来最有影响力的汽车设计师。他带领宝马甚至整个汽车界进入 21 世纪新时代。现在你在马路上看到的浑身布满立体感线条、充满活跃、年轻和大胆前卫精神的汽车造型，或许都源于克里斯·班格对宝马汽车设计的一场"革命"。

克里斯·班格从 1992 年就任宝马设计总监，但他在开始的九年内都没展露出什么革命的精神，甚至在 1997 年推出第 4 代宝马 3 系（E46）时，因太过保守而被人吐槽。直到 2001 年推出革命性的新 7 系（E65），也就是第 4 代宝马 7 系，人们才终于认识到，克里斯·班格原来是一位潜伏很深的改革派设计师。

第 4 代宝马 7 系的革命性表现在两大方面：一是开天辟地在汽车上增加一个操作极其复杂的 iDrive 人机交互系统，它的使用说明书就有一寸厚，要想通过它调节一下空调就要进行好几步操作；二是翻天覆地的外观造型设计，竟然赋予这款高端商务轿车以运动、年轻、前卫和张扬的元素，尤其是它奇怪的尾部，有一个凸出式的设计，显得臃肿，让宝马的粉丝们受不了，就给它起了一个讽刺的名字"班格的屁股"（Bangle-Butt）。而今天，如果认为哪款汽车的尾部设计过于复杂，就可以说像是"班格的屁股"。

宝马用户的品牌忠诚度一直都很高，粉丝数量巨大。针对克里斯·班格对宝马造型设计的"革命"，竟然有一万多名宝马粉丝集体签名要求解雇克里斯·班格。然而，宝马董事会并没有解雇克里斯·班格，因为第 4 代宝马 7 系在强烈的争议和反对声中销量不断攀升，并帮助宝马在 2004 年赢得有史以来最高的净利润。事后克里斯·班格接受采访时说：

"每当你走在前面，就会有一些人落在后面。"

（Whenever you move ahead, you leave some people behind.）

克里斯·班格一不做，二不休，在第二年推出造型更激进的全新宝马 Z4（E85）跑车。Z4 跑车的外观造型像是由刀削斧凿似的曲面组合而成，极具立体感和运动感。克里斯·班格将这种设计理念称为"火焰曲面"（flame surfacing），就像是火焰燃烧时的跃动。从此一个新的设计词汇诞生了。

"火焰曲面"的实现要得益于车身冲压技术的突破，可以冲压出具有 3D 效果的车身钣金，从而可以让克里斯·班格率领他的设计团队充分发挥想象力，打造出活力四射的运动跑车来。当然，在 Z4 车上凸出的

"班格的屁股"也是少不了的。

2003 年，克里斯·班格顶着冷嘲热讽，率领团队将"革命"进行到底，推出让人眼前一亮的第 5 代宝马 5 系（E60）。这一代宝马 5 系是克里斯·班格的顶峰之作，不仅彰显克里斯·班格的"革命"成果，且展现出宝马汽车已具有理性而前卫的新形象。此前吐槽较多的 iDrive 人机交互系统也进行了简化改进。

随着新 5 系的销量增长，赞扬克里斯·班格的声音越来越大，许多竞争对手也开始跟风"革命"，一时间革命性设计浪潮席卷世界车坛。

2008 年，克里斯·班格率领设计团队推出的 Gina 概念车，是概念车设计中最成功的案例之一。此车采用软性材料制作车身，因此它的车身形状是可以变化的，堪称奇妙无穷。克里斯·班格将 Gina 概念车称为"挑战现有原则和常规的艺术设计"。

其实，在宝马工作期间，克里斯·班格没有具体设计一款车型，但他是设计总监，负责引领设计方向、提出并诠释设计理念、把握操作尺度、决定最后设计方案。正是在班格执掌宝马设计的时期，宝马超越奔驰成为全球高端汽车品牌销量冠军。

克里斯·班格总是走在时代的前面，使得一些人反对他对宝马设计理念的"革命"，批评他让宝马丢失了优良的经典传统；而支持他的人则认为，克里斯·班格出色的设计理念让宝马摆脱了已陷入困境的设计套路，赋予了宝马品牌新的生命，同时也激励竞争对手勇敢地更新自己的设计理念。无疑，克里斯·班格是近 30 年来争议最大的汽车设计师。

尽管克里斯·班格在 2009 年离开了宝马，但他在汽车设计领域的影响力直到今天仍然很大。为了表彰他对汽车造型设计的革命性贡献，2021 年的美国设计奖颁给了克里斯·班格。

宝马 Z4（E85）跑车

第 5 代宝马 5 系（E60）轿车

12.8　伊恩·卡勒姆

Ian Callum　从粉丝到设计总监

代表作：阿斯顿·马丁 DB7，捷豹 XK、XF、XJ、F-Pace、E-Pace

阿斯顿·马丁DB7

伊恩·卡勒姆（Ian Callum）可能是最幸运的车迷。他从小就是捷豹汽车的超级粉丝，后来竟担任捷豹设计总监 20 年，负责设计了多款捷豹名车。这种经历真让人羡慕。

据伊恩·卡勒姆自己说，他三岁时就能叫出看到的每辆汽车的名字，而且还喜欢画看到的任何东西，比如房子、电视机，当然还有汽车。小时候他最爱爬到爷爷的汽车顶上玩，他曾说："我很小的时候就决定要成为一名汽车设计师。"有一天，他看到爷爷买的《生活》杂志的封底上印有漂亮的银灰色捷豹 E-Type 汽车广告，就缠着爷爷带他去看那款捷豹汽车。溺爱孙子的爷爷竟然驱车 130km 把伊恩·卡勒姆带到爱丁堡的捷豹展厅，从橱窗外凝视那台漂亮的捷豹汽车。那是 1968 年的事，当时伊恩·卡勒姆 14 岁。

从爱丁堡回来不久，伊恩·卡勒姆就给捷豹汽车的技术董事比尔·海因斯写信，并附上自己设计的捷豹汽车草图，希望能从事设计捷豹汽车的工作。比尔·海因斯礼貌性地给他回信，建议他还是先到大学就读设计专业，等毕业后再找汽车设计的工作。

伊恩·卡勒姆言听计从，他先是到格拉斯哥艺术学院学习工业设计，毕业后又到伦敦皇家艺术学院深造，并获得汽车设计专业的硕士学位。他学成毕业后并没有到捷豹工作，而是在 1979 年到福特汽车欧洲公司工作。几年后，他被任命为福特旗下吉亚（Ghia）设计工作室经理。1990 年，伊恩·卡勒姆加入 TWR 设计公司，并在转年被任命为首席设计师兼总经理。

在 TWR 期间，伊恩·卡勒姆的设计才华开始有用武之地。他的第一个设计项目竟然是阿斯顿·马丁DB7，这让伊恩·卡勒姆激动万分，同时也承受了巨大的压力。当时阿斯顿·马丁已陷入经营困境，急需一款惊世之作挽救命运。伊恩·卡勒姆从画概念草图开始设计，并与黏土模型团队密切合作，确保每个细节、每个角度都是完美的。同时他还要与工程设计沟通配合，对底盘设计进行无数次修改。为了降低发动机舱盖的高度，他曾向工程设计师提出把发动机支架降低 20mm 的"蛮横"要求。历经三年完成的最终设计方案使伊恩·卡勒姆一鸣惊人，1993 年推出的 DB7 成为阿斯顿·马丁历史上最畅销的车型，阿斯顿·马丁从此起死回生。

伊恩·卡勒姆也成了挽救阿斯顿·马丁的大救星。此后，伊恩·卡勒姆再接再厉，又为阿斯顿·马丁设计了 Vanquish、DB7 Vantage。伊恩·卡勒姆声称还设计了 DB9 的全部及 V8 Vantage 的 80%。

1999 年，捷豹汽车的设计总监意外去世，伊恩·卡勒姆幸运地加入捷豹担任设计总监。这份工作可是伊恩·卡勒姆孩童时候的梦想，在他 45 岁时竟然实现了，幸福的他一直工作到 2019 年退休才离开捷豹。

在捷豹的 20 年设计生涯中，伊恩·卡勒姆大放异彩，将捷豹汽车带离复古、沉闷、保守的风格，转而带领捷豹在 21 世纪走向炫酷、前卫、年轻、至美的风格。他说："捷豹的风格在 30 年来没有改变过，它已变成了一辆保守的老人车，我要尽力把捷豹变成我记忆中六零年代的韵味——动感、炫酷、年轻。"

一款新车从设计到投产并不是一蹴而就的，直到 2005 年，伊恩·卡勒姆设计的新捷豹才开始逐步亮相。第一款就是在 2005 年推出的捷豹 XK，随后在 2008 年推出捷豹 XF，2009 年推出 XJ，一款比一款更炫酷、性感、优雅，有传承更有创新，捷豹汽车又满血复活了。

自 2012 年起，伊恩·卡勒姆推出新车型的速度明显加快，差不多是一年一个新车型，每款都炫酷无比，从 F-Type 敞篷版、F-Type 跑车、XE 轿车，到 F-Pace、E-Pace、I-Pace 三款 SUV 车型，都成了汽车设计界关注的焦点。其中捷豹 I-Pace 电动 SUV 获得了"2019 世界年度车型"大奖。

在谈到 I-Pace 的成功设计时伊恩·卡勒姆说："这表明，你可以舍弃捷豹的一些传统设计规则，比如长发动机舱、靠后的驾驶舱、锥形式尾部等，但仍能看出这是一款漂亮的捷豹汽车。"他曾说过：

"你可以做一些非常有创意的设计，但不要放弃美丽。"
（You could still do something pretty creative but not give up on beauty.）

伊恩·卡勒姆好像有无穷无尽的新点子，无论是跑车、SUV 或电动汽车，他都能让人眼前一亮。

2019 年 6 月初，伊恩·卡勒姆宣布辞职，但仍担任公司的设计顾问。伊恩·卡勒姆在捷豹任职的 20 年间，他为捷豹开创了全新的设计语言。这对于一个从小就喜欢捷豹汽车的车迷来讲，伊恩·卡勒姆实现了人生的最大梦想。

捷豹 XF（2008年）

捷豹 XJ（2009年）

捷豹 I-Pace 电动 SUV

12.9　弗朗茨·冯·霍尔豪森

FRANZ VON HOLZHAUSEN 新势力汽车设计师

代表作：特斯拉 Model S、Model X

特斯拉汽车无疑是现今世界上最火爆的汽车品牌，这主要是得益于它拥有超长的续驶能力，以及它独特前卫的造型设计。弗朗茨·冯·霍尔豪森（Franz von Holzhausen）正是特斯拉 Model S、Model Y、Model X、Model 3 和"赛博"（Cybertruck）的设计负责人。

2008 年，霍尔豪森在特斯拉老板埃隆·马斯克的极力邀请下，加入了特斯拉担任设计总监。当时特斯拉公司正濒临破产。该公司只有一款车型可以出售，那就是借用路特斯车身和底盘的电动汽车 Roadster。尽管后来通过 IPO 筹集到了资金，但特斯拉仍是前途未卜。

对于霍尔豪森来说，设计纯电动汽车也是一个从未遇到过的挑战。不需要围绕发动机、传动系统或排气系统进行设计，因此也充满无限的可能性和不可预料的变数，要从一张白纸开始设计，一切都无章可循。然而不可思议的是，霍尔豪森竟然在 9 个月后就设计出了 Model S，而且一时间声名鹊起。

特斯拉 Model S 电动汽车推出后，轰动了车坛，一方面是它的续驶里程已能与燃油汽车相媲美，另一方面就是它简约、前卫的外形设计及用一个大屏替代主要操作钮。这个夸张而空前的大屏设计，不仅彰显高科技的理念，而且还可以减少传统内饰设计时间，降低制造成本。

Model S 另一个设计亮点是它的伸缩式门把手，据传这是根据特斯拉的老板马斯克的特别要求设计的。当驾驶员靠近车身时，门把手会自动从车身内伸出来，好像是和你握手、欢迎你来驾驶。这种伸缩门把手虽然在一些超级跑车上也出现过，但在 Model S 上代表的却是一种互动和交流。霍尔豪森认为，汽车虽然是由千万个零件组成，但是它并非仅仅是个代步工具，他说：

"我希望汽车能与车主友好交流和互动，让车主觉得他驾驶的并不是一辆冷酷之车。"

（I hope to make the car and the owner of the friendly communication and interaction, so that the owner feel that he is not driving a cold car.）

同时霍尔豪森也认为，伸缩式门把手在一定程度上还能降低风阻系数，减小空气阻力，从而提高能耗效

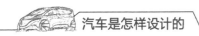

率，而这对电动汽车更为重要。

特斯拉 Model S 的车身线条非常简单，没有复杂的设计。后来改款的 Model S 及后来设计的 Model Y、Model X、Model 3，连原来伪装的进气格栅也都去掉，完全"闭嘴"了。整个车身像一颗子弹一样简洁，极具流线型，并呈现出运动的姿态。

霍尔豪森称，这种极简的设计风格与他曾在瑞典生活过有关，他深受"简单而优雅"的瑞典风格影响。为了突出简约风格，他甚至将特斯拉徽标中的盾牌图案都去掉了，只剩下一个大大的"T"字。

霍尔豪森曾透露说，Model S 的设计灵感源自环法自行车赛。在设计中他试图模仿自行车运动员的身材和运动姿态——他们身上没有多余的肌肉，骑车时整个身形符合空气动力学效率。后来所有的特斯拉车型也都是按照霍尔豪森的简约、高效、优雅的理念设计的。

特斯拉Model S设计草图

　　霍尔豪森认为，在设计时他们遇到的最大挑战是怎样满足世界不同地区车主们的不同需求。汽车设计不能过于前卫，"不需要通过前卫设计来故意阐明我们是电动汽车"。但他又说："我们的目标就是希望颠覆传统，而颠覆并不只是在动力上，而是从各个方面都希望颠覆，Model S 的 17in 大屏幕就是在这种设计理念下诞生的。"

　　我们纵观霍尔豪森负责设计的这几款特斯拉车型，虽然都给人耳目一新的高科技感觉，但并不怪异奇葩和另类，仍然是以众人为美。设计风格的引领、具体尺度的把握，正是设计总监的能力体现。

　　霍尔豪森认为，每一辆特斯拉都必须是漂亮的，让一件工业设计作品变得漂亮并不需要花费额外成本。在竞争激烈的市场中，只要把美貌作为首要设计原则，最漂亮的产品就会脱颖而出。

　　霍尔豪森还设计了备受争议的"赛博"（Cybertruck）概念车。当这只不锈钢外壳的怪兽首次作为概念车亮相时，它成功地获得了大量媒体的报道和无数的点赞和吐槽，因为"赛博"的外观看起来更像是来自外星球的机器。要知道霍尔豪森可是设计概念车出道的，在加入特斯拉之前差不多一直在设计概念车，但他的这次设计确实有点"过头"了，连一个门把手也没有。

特斯拉Cybertruck概念车

　　从名字上看，弗朗茨·冯·霍尔豪森像是德国人，其实他于 1968 年 5 月出生在美国，毕业于美国加州帕萨迪纳艺术中心设计学院。1992 年毕业后，他来到了大众汽车的美国设计中心，先后参与设计了新甲壳虫 1 号概念车和 Microbus（著名的"大众面包车"）概念车项目。8 年后，他跳槽到通用汽车，参与设计了三款知名概念车：庞蒂亚克 Solstice、土星 Sky 及欧宝 GT。2005 年，他又转投到马自达北美设计中心担任设计总监。在马自达北美设计中心期间，他设计了"流"（Nagare）、"风籁"（Furai）等多款概念车。这一系列前瞻性设计让霍尔豪森在汽车设计界声名鹊起。正是他的这些惊艳概念车设计，引起了特斯拉老板马斯克的关注，并邀请他一起参观了位于加州的特斯拉总部。两人一拍即合，决心一起为世界车坛创造惊喜和传奇。

　　霍尔豪森带领团队从零开始设计一款电动汽车，他在 9 个月后就迅速向马斯克交活儿了，附带 250 项原创技术专利。而传统汽车厂商要设计一款汽车，至少也要 3 年才可能定产。不仅霍尔豪森设计的汽车具有超高的性能，而且他设计汽车的过程也很高效。他在设计中应用了很多成熟的传统汽车零部件和配置，这样他就可以将设计力量集中于造型设计、电力驱动和电控系统上，从而节省了大量设计时间。

　　有人说发动机是汽车的灵魂，而电动汽车就像是没有灵魂的汽车。这对电动汽车设计师提出了巨大的挑战，而弗朗茨·冯·霍尔豪森无疑是胜过了这个挑战。

附录 A　奔驰 S 级造型演变
THE STYLING EVOLUTION OF S CLASS

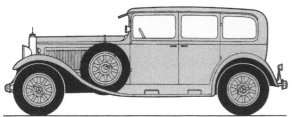

1928 年，梅赛德斯 – 奔驰 Nurburg 500

1930 年，梅赛德斯 – 奔驰 Type 770

1949 年，梅赛德斯 – 奔驰 170S

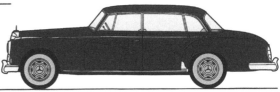

1952 年，梅赛德斯 – 奔驰 300d

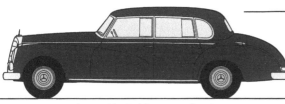

1954 年，梅赛德斯 – 奔驰 300

1956 年，梅赛德斯 – 奔驰 220SE

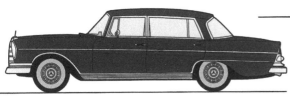

1961 年，梅赛德斯 – 奔驰 300SE

1965 年，梅赛德斯 – 奔驰 600

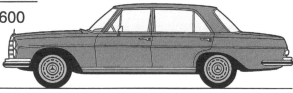

1966 年，梅赛德斯 – 奔驰 300SEL 6.3

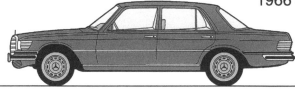

1975 年，梅赛德斯 – 奔驰 450SEL 6.9

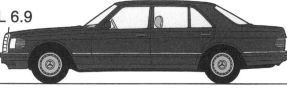

1985 年，梅赛德斯 – 奔驰 560SEL

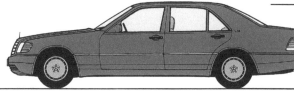

1991 年，梅赛德斯 – 奔驰 600SEL

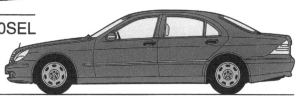

1999 年，梅赛德斯 – 奔驰 S500

2005 年，梅赛德斯 – 奔驰 S 级轿车

2013 年，梅赛德斯 – 奔驰 S 级轿车

2020 年，梅赛德斯 – 奔驰 S 级轿车

附录 B　劳斯莱斯设计特点
ROLLS-ROYCE DESIGN FEATURES

垂直进气格栅：虽然这样会增加一些空气阻力，但它可以彰显劳斯莱斯汽车的尊贵与气派。再说，劳斯莱斯汽车的主人怎么会在乎多费些汽油呢？

高位置前照灯：位置较高的车灯不仅彰显威严气势，而且可以照亮更广阔的区域。

长发动机舱：一是因为劳斯莱斯汽车基本都采用 V12 发动机，需要较长的发动机舱；二是长车头显得汽车更有派头。

短前悬、长后悬：发动机放置在前轴后方，这样不仅可以增大轴距，使行驶更平稳，而且还可以使前后配重比更加合理。

大倾角 A 柱：这样设计可以使侧面线条显得更有气势。

宽大 C 柱：这样不仅可以增强乘员舱的安全性，而且还可以提高乘员舱的私密性。

小比例车窗：虽然车身比较宽大，但车窗并不特别"敞亮"，车窗下沿比较高，这样可以增强私密性。

车高与车轮高比例为 2：1：这是劳斯莱斯汽车保留至今的设计传统，即使 2017 年推出的第 8 代幻影，也是采用这种设计比例。这样设计不仅使车身比例更加协调、完美，而且还符合劳斯莱斯大气、尊贵的特点。

长轴距：长轴距可以使汽车行驶起来更加平稳，保证汽车拥有较高的舒适性。第 7 代幻影加长版的轴距为 3820mm。

向后打开的后车门：劳斯莱斯汽车的后车门都是向后打开，与前门形成"对开门"。如果只有两个车门，它也是只向后打开。这种后开式车门源自马车。车门铰接于车门后部，它能够使后座乘客以最优雅的方式进出车厢，只需要按一下按钮，即可将车门关闭。实际上，由于劳斯莱斯汽车的车门宽大和厚重，仅凭一个人的力量来关闭车门还是一件比较费力的活儿，因此劳斯莱斯汽车后车门的关闭动作，都是依靠电动机的帮助。

线条优雅的尾部造型：劳斯莱斯汽车的尾部设计相对比较保守，其造型都是比较圆滑，不像车前部那样硬朗，这也是劳斯莱斯汽车设计的传统，彰显英国贵族的气派。

内部空间决定车身尺寸：劳斯莱斯汽车设计的最大诉求是乘坐舒适，而内部空间是影响舒适性的主要因素，其内部空间必须足够大。其外部尺寸的设定原则就是要充分满足内部空间的需求。

高位置前照灯威严气势

对开车门更方便后排乘客进出

车身总高是车轮高度的 2 倍

长发动机舱

垂直进气格栅

2017年劳斯莱斯幻影

小比例车窗

优雅的尾部

前悬　　　　　轴距　　　　　后悬

短前悬，长后悬，长轴距

2014年劳斯莱斯古思特

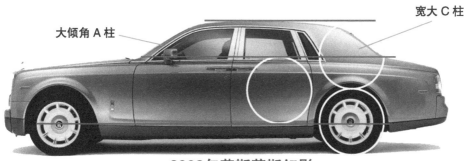

大倾角 A 柱

宽大 C 柱

2003年劳斯莱斯幻影

1935年劳斯莱斯幻影

附录 C　布加迪空气动力学设计
BUGATTI AERODYNAMICS DESIGN

空气动力学设计在汽车上的应用主要有三大目的：① **减小空气阻力**；② **保证行驶稳定性**；③ **冷却发动机和制动系统**。布加迪凯龙（CHIRON）超级跑车配备 8L 排量 4 涡轮增压发动机，0—100km/h 加速时间 2.4s，最高车速 420km/h（电子限速），假如装上翅膀就能起飞了。它的空气动力学设计达到极致，空气动力学部件遍布全身，并配备了 10 个散热器用于冷却系统。

气帘 + 空气导轨 + 扩散器

对于最大功率高达 1500hp 的凯龙来讲，冷却系统尤其重要。其 W16 发动机的进气和冷却空气主要从车侧中部靠上的进气口流入，使发动机和机油都得到充分冷却。

为了更好地冷却前制动系统，在前轮室前设置一个 **"气帘"**，它可以引导和增强冷却制动盘的气流。在前轮室后则设置一个导流板，可以引导制动盘上的热量迅速导出。布加迪还为这个巧妙的设计申请了专利。从车侧腰部进气口流入的空气，用来吹散后制动盘上的热量。

凯龙的底部配备了特殊形式的 **空气导轨**，它与车尾 **扩散器** 一起，保证空气尽快流过车底，避免在车底形成紊流而增加升力，影响驱动力的发挥和行驶稳定性。

自适应尾翼神奇多变

除了上面提到的被动空气动力学设计，凯龙有一个主动空气动力学系统，那就是自适应尾翼。凯龙的自适应尾翼是全新设计的，尾翼的伸展角度可以根据驾驶情况自动做出四种动作：① **完全缩回**；② **稍微伸展（最高速度模式时的位置）**；③ **完全伸展（激烈驾驶和高速公路模式）**；④ **空气制动时向前倾斜**。

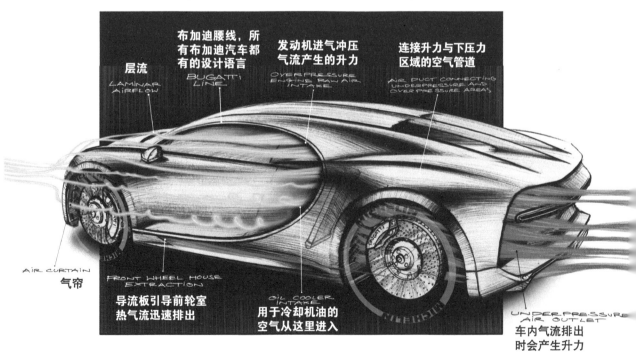

凯龙车身侧部气流示意图

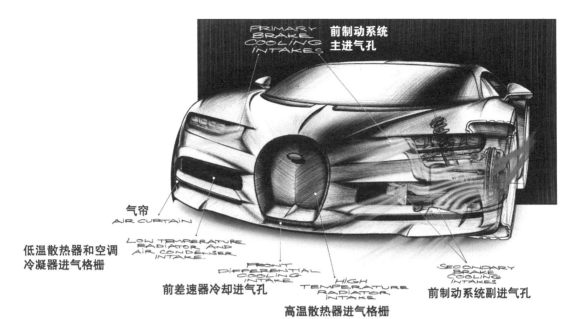

气帘
AIR CURTAIN

前制动系统
主进气孔
PRIMARY BRAKE COOLING INTAKES

低温散热器和空调
冷凝器进气格栅
LOW TEMPERATURE RADIATOR AND AIR CONDENSER INTAKE

前差速器冷却进气孔
FRONT DIFFERENTIAL COOLING INTAKE

高温散热器进气格栅
HIGH TEMPERATURE RADIATOR INTAKE

前制动系统副进气孔
SECONDARY BRAKE COOLING INTAKES

流过侧窗的气流
AIR FLOW ATTACHES TO SIDE WINDOW

A柱
WIDE CABIN ARCHITECTURE

层流
LAMINAR AIRFLOW

发动机进气冲压
气流产生升力
OVERPRESSURE ENGINE RAW AIR INTAKE

布加迪腰线
BUGATTI LINE

FRANK HEYL '15

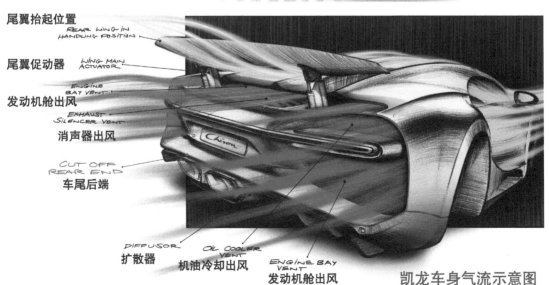

尾翼抬起位置
REAR WING IN HANDLING POSITION

尾翼促动器
WING MAIN ACTUATOR

发动机舱出风
ENGINE BAY VENT

消声器出风
EXHAUST SILENCER VENT

车尾后端
CUT OFF REAR END

扩散器
DIFFUSOR

机油冷却出风
OIL COOLER VENT

发动机舱出风
ENGINE BAY VENT

凯龙车身气流示意图

附录 D　匹配视频列表
VIDEO LIST

序号	视频名称	页码
1	宝马5GT设计过程	6
2	车身结构	9
3	奔驰EQ展示车	12
4	胶带图	17
5	油泥模型制作	18
6	从概念设计到样车制作	21
7	车身空气动力学设计	28
8	车底空气动力学设计	31
9	电动汽车前脸设计	32
10	主动进气格栅设计	33
11	车身安全设计	41
12	动力电池防撞击设计	44
13	车身轻量化设计	45
14	V6、V8、W12发动机	49
15	动力电池热管理	54
16	后中置发动机、全轮驱动	56
17	四轮驱动电动汽车	61上
18	三电机四轮驱动电动汽车	61下
19	电动汽车车桥	63
20	制动系统	67
21	内饰设计和模型制作	76
22	车身空气动力学测试	79
23	声学测试	84
24	自动紧急制动测试	89上
25	L3自动驾驶测试	89下
26	严寒测试	93